エビデンスに基づく効果的なスクールソーシャルワーク

現場で使える教育行政との協働プログラム

山野則子［編著］

明石書店

はしがき

　日々、どうにもならない子どもや家庭の現状を目前に、自身の無力感にさいなまれる。それでも、あきらめないで真剣にその子どもの人生を考え、自身が傷つきながらも各所と交渉し、協働を作っていく。こうした一歩踏み込んだ実践を行うことで何とか子どもや家庭に見通しができる。これがソーシャルワーカーの姿である。熱い思いを持ちながら冷静な行動力と多角的な視点を持つことが、ことを前に進める要点である。これを担保するには理論と技術が必要である。

　このことは根底で教員にも共通するであろう。福祉と教育の専門性は同じでは意味がない。教育の土俵に福祉を投入し、効果をもたらせること、これができるのが、自治体内のスクールソーシャルワークのフレイムを考える本プログラムのパートナーである教育委員会である。

　本著は、長い時間をかけて、全国各地の皆さんと経験や勘の蓄積ではなく研究の枠組みとして、実践を行き来させることに取り組んできた成果である。本プログラムを実行することでスクールソーシャルワーカーだけでなく、自治体の方向性が変化し効果がみられた。初めて、実証的にみえる形で示した貴重な報告である。スクールソーシャルワーカーの実践を可視化し、このプログラムを利用することでどのような効果があるのか示している。興味のある章からでも是非、手にとってお読みいただき、ご自身の地域で活用していただけたら幸いである。

大阪府立大学　山野則子

刊行に寄せて

　まず山野則子先生を中心とした効果的なスクールソーシャルワーク事業プログラムのあり方研究会の皆さま方の多大な努力の成果が、本書の刊行に結びついたことに対して、心よりの敬意とご同慶の思いを表したいと思います。また少子高齢化への対応や、子どもの貧困対策を進める一環としてスクールソーシャルワークが注目されるなか、ソーシャルワークの理念に基づき、科学的根拠に基づく実践（EBP）を構築する地道で科学的な取り組みを結実させ、この取り組みを社会的な一大ムーブメントに発展させた山野先生ほか研究チームの皆さまの強い使命感と着実な実践力に感銘するとともに、多くのことを学ばせていただきました。本書の発刊が、効果的なスクールソーシャルワーク事業プログラムのさらなる発展と、実施・普及の促進に大きく貢献することを心より願っております。

　山野先生との出会いは、白澤政和先生が主任研究者を務めた文部科学省科学研究費基盤研究A「ソーシャルワークの評価方法と評価マニュアル作成に関する研究」（2010～2013年）でご一緒したことが契機だったと記憶しています。私自身も、同科学研究費基盤研究A「プログラム評価理論・方法論を用いた効果的な福祉実践モデル構築へのアプローチ法開発」（2007～2011年）、およびその後継研究（2011～2015年）に取り組んでおり、私たちが開発した「プログラム理論・エビデンス・実践間の円環的対話による、効果的福祉実践プログラムモデル形成のための評価アプローチ法（CD-TEP評価アプローチ法）を、山野先生のチームの皆さんには積極的に

取り入れていただきました。そのうえで社会福祉学領域における大きな社会的、研究的成果を収めていただいたことに対して深く感謝をしています。

　CD-TEP評価アプローチ法は、実践家参画型でより効果的なモデルをボトムアップで構築する有効なマクロソーシャルワークの方法論と位置づけています。効果的なスクールソーシャルワーク事業プログラム以外にも、「精神障害者退院促進支援プログラム」「障害者就労移行支援プログラム」「コミュニティソーシャルワーカー研修・配置プログラム」「デイケア＆アウトリーチ統合化プログラム」などで取り組まれています。山野先生のチームの皆さまの取り組みは、少々遅れてこの一連の活動にご参画いただきましたが、いまや特に社会的な発信力・影響力の面では、最先端を進む取り組みになりました。私たち他の効果的プログラムの形成プロジェクトに関わるメンバーも、山野先生たちから多くの学びをいただいています。

　福祉実践現場において、科学的なプログラム評価の方法論を位置づけ、実践家参画型で福祉課題の解決をはかり、より効果的な福祉プログラムモデルを改善・形成し、構築する文化的土壌を導入することが今後社会福祉の現場ではますます必要になると考えます。福祉実践家が効果的支援環境の開発を行い、福祉実践のイノベーションに積極的・主体的に関与・参画し、自ら所属する職場が日常的に創意・工夫を交換する「学習する組織」へと変革する先進的な取り組みになることを期待しています。

　本書の出版を契機にして、効果的なスクールソーシャルワーク事業プログラムがより効果的な実践プログラムに発展し、全国に普及し実施されること、そして支援を必要とする多くの児童・生徒の皆さんの福祉ニーズの解決に貢献できることを願っております。同時に、山野先生方の取り組みがそれらの先導的なモデルになることを祈念し、本書がさまざまな形で活用されることを心からお祈りしたいと考えます。

日本社会事業大学学長　大島　巌

実証的研究の推進を

　ソーシャルワークは、個人や地域社会に対して計画的変化（planed change）を実施し、その結果、個人や地域社会が望ましい方向に変化したことを評価することで、社会的な評価を高めていくことが可能となる。こうした作業を、ソーシャルワークの研究者と実務者は共同で実施することで、推進していかなければならない。

　スクールソーシャルワークはソーシャルワークの一領域として、ここ数年で教育現場に相当入り込むようになってきた。当然、教育現場は教諭という教育職がほとんどを占めており、臨床心理士がスクールカウンセラーとして一部関わっているに過ぎなかった。今後、スクールソーシャルワークが生活課題を抱えた子どもやその家族、さらには地域社会と関わり、生活課題の解決だけでなく、予防にも関わっていくことが求められるが、その有効性を提示することが、子どもや家族、地域社会、さらには教諭や臨床心理士といった専門職から信頼を得られる唯一の方法である。

　本著では、スクールソーシャルワークのプログラムを提案し、その実施後のプロセス評価に加えて、アウトカム評価を実施している。このことにより、ソーシャルワークが目的とする計画的変化をプログラムでもって実施し、その評価を示していることから、スクールソーシャルワークの社会的評価を高めることに大きく貢献するものと考える。とりわけ、望ましい方向に変化したかどうかを明らかにするためにはアウトカム評価が最も重要であるが、そのためには、スクールソーシャルワークの目的から導き出

されるベンチマークの作成が不可欠であり、そのベンチマークが達成されているかどうかが、評価の基準となる。本著ではこうした作業が行われており、それが本著の最も評価できる部分である。

　同時に、このような実証的研究はスクールソーシャルワークの領域だけでなく、他のソーシャルワーク領域においても必要不可欠であり、プログラムの開発とその評価研究が強く期待されている。確かに、ソーシャルワークは学校領域だけでなく、従来からの医療、精神保健、生活保護、高齢者や心身の障害者の領域でも実施されており、そうした領域での介入的評価研究が求められている。また、新たなソーシャルワークとして、刑を終えた人々に対する司法領域、就労を支援する労働領域、ボーダーライン層である生活困窮者支援の領域でも、同じようにソーシャルワークの介入による評価研究が必要である。こうした多様な領域でソーシャルワークが一定のポジションを得ていくために、本著のような実証的研究が他領域で進められることを願っている。

桜美林大学大学院老年学研究科　白澤政和

指導主事とスクールソーシャルワーカーの協働への期待

　問題行動等の背景に家庭状況等子どもを取り巻く環境が影響しているケースも少なくない、それは学校現場で実感され続けてきたことです。そして、多くのケースで教職員は解決可能なことを模索してきました。
　しかし、学校の努力で改善できる部分は限られます。学校生活での適切な指導・支援はもとより学校の責任ですが、たとえば養育環境の改善を保護者にどこまで迫れるのか、保護者自身が困難を抱えている現状にどんな支援を行えるのか……、学校にそのマニュアルはありません。家庭環境の要因を排除・軽減することに、学校は特別な力をもっていないのです。
　そうした学校の限界を乗り越える手立てとして、いくつかの自治体が独自にスクールソーシャルワーカーの配置派遣を試みてきました。幸いにも、文部科学省の事業化（2008年度〜）が契機となり、子どもの最善の利益のためにスクールソーシャルワーカーを活用しようという機運は全国へと広がっています。学校生活上の問題だけでなく、児童虐待の防止や子どもの貧困対策が喫緊の課題となっている現在、スクールソーシャルワーカーの専門性を活用したい、スクールソーシャルワーカーの活動をより実効性のあるものとしたいと考えるのは、学校や教育委員会だけでなく関係機関等も含めた共通の願いだと思います。
　しかし、スクールソーシャルワーカー配置の広がりが、すぐにその専門性の活用につながるかという点には一抹の不安があります。スクールソーシャルワーカーの専門性の発揮には、学校だけでなく教育委員会の主体的

な関与が必要不可欠だと考えているからです。

　では、教育委員会の関与についてどういう視点が必要でしょうか。その答えの一つが本書にまとめられています。本書では、事業化や事業の充実に必要な内容を、教育委員会担当者（指導主事）がすべきこと、スクールソーシャルワーカーがすべきことの項目に分け、もれ落ちがないか点検評価することで、事業の全体像や現状把握ができるようになっています。

　私は、自分が指導主事として事業に関わった経験から、スクールソーシャルワーカーの活動の重要な部分（教職員と異なる視点で校内組織体制や他機関との支援ネットワークを構築する）は、指導主事の専門性に近いと感じています。両者が互いの強みをいかそうとするならば、その協議は一つのケースに留まらず、「校内組織のあり方」「関係機関・地域資源と学校との日常的な連携の工夫」等、どの学校にも必要な内容の協議へと矛盾なくつながるはずです。両者の協働こそが、子どもの最善の利益のために実効性の高い、かつ汎用性のある「スクールソーシャルワーカー配置派遣システム」を練り上げるポイントだと信じて疑いません。また、実際に、指導主事とスクールソーシャルワーカーやスーパーバイザーにより事業が練られ、相当な効果を上げている地域も多々あると認識しています。

　本書の活用については、たとえば教育委員会の関与のあり方を検討する際の手引き、指導主事とスクールソーシャルワーカーが現状と今後の方向性を協議する際の資料等が想定されます。地域によって、事業目的や所属機関・活動形態等異なる要素が生じますから、本書に示された項目が全てを網羅するとは限りません。それでも一つの基準線が示された意義は大きいと考えます。本書を参考としつつ、指導主事とスクールソーシャルワーカーが自らの役割を協議し地域独自のシステムやマニュアルを創り上げていく、そうした姿が全国各地で広がることを期待してやみません。

前 大阪府教育委員会事務局指導主事　中野　澄
（現 国立教育政策研究所生徒指導・進路指導研究センター 総括研究官）

目　次

　　はしがき　　3
　　刊行に寄せて（大島 巌）　　4
　　実証的研究の推進を（白澤政和）　　6
　　指導主事とスクールソーシャルワーカーの協働への期待（中野 澄）　　8

序　章　研究概要とプログラム評価　13
　　1. 本研究の目的　　13
　　2. プログラム評価とは──効果的プログラムモデル形成に果たす役割　　15
　　3. 研究方法と本書の構成　　19

第1部　スクールソーシャルワークが求められる背景と意義

第1章　家庭と学校の現状　24
　　1. 子ども家庭の現状　　24
　　2. 学校の現状　　28
　　3. 今なぜスクールソーシャルワークなのか　　34
　　4. スクールソーシャルワークの現状と課題　　40

　　　■コラム　子どもをどう見るか──教育と福祉とをつなぐ（本田正道）　　42

第2章　スクールソーシャルワーク研究の動向　44
　　1. スクールソーシャルワークの発展　　44
　　2. スクールソーシャルワークに関する調査研究　　48

第2部　効果的プログラムモデルの開発

第3章　プログラム理論：効果的なスクールソーシャルワーク事業プログラムの作成——仮モデル　54

1. 研究方法　54
2. インパクト理論　58
3. プロセス理論　59

■コラム　包括的SSW事業マニュアルに期待する思い　60
——熊本県義務教育スクールソーシャルワーカーの立場から（守田典子）

第4章　全国調査によるプログラムの検証　63

1. 研究方法　63
2. 全国の教育委員会の実態　65
3. 全国のスクールソーシャルワーカーの実態　75
4. 教育委員会担当者とスクールソーシャルワーカーのプログラム実施度と効果（アウトカム）との関連　90

第3部　効果的プログラムモデルの改善・形成

第5章　実践家参画型ワークショップの方法によるプログラム再構築——修正モデル　116

1. 実践家参画によるプログラム改善の意義　116
2. 実践家参画型ワークショップの概要　117
3. 実践家参画型ワークショップの内容およびプログラム再構築の結果　119

■コラム　鳥取県からのメッセージ　130
　1）これまでの取り組みから育成研修へ（牧田 悟）
　2）効果的なスクールソーシャルワーク事業プログラム運用への期待（福島史子）

第6章　プログラムの試行　133

1. 研究方法　133
2. 試行調査の結果　136
3. 教育委員会担当者とスクールソーシャルワーカーの
   プログラム実施度と効果（アウトカム）との関連　146

■コラム　山口県での取り組み（岩金俊充）　162

第7章　効果的なスクールソーシャルワーク
事業プログラムの完成──完成モデル　165

1. インパクト理論　165
2. プロセス理論　168

第8章　総合考察──エビデンスに基づく実践とその評価　195

あとがき　204
用語解説　208
効果的なスクールソーシャルワーク事業プログラムの効果的援助要素項目
　　211
文　献　231

序　章　**研究概要とプログラム評価**

1. 本研究の目的

　2008年、全国にスクールソーシャルワーカー（以下、「SSWer」とする）活用事業が開始した。以前からスクールソーシャルワーク（以下、「SSW」とする）研究は行われていたが、日本に実践の場が明確にあったわけではなく、研究としても実態のない研究となる可能性もあった。ようやく実践の場が日本に生まれ、研究としても実践としても一気に期待が高まることとなった。しかし、まだ初期段階であり、実践、研究ともに課題が当然のことながら存在している。

　実践レベルでは、SSWer活用事業は文部科学省から望ましい資格要件は提示されているが、動き方のモデルやマニュアルの提示がないため、各自治体がそれぞれのイメージで人を採用し、その業務を決定している。そのため、例えば採用は身近に声をかけやすい退職教員を雇用することが生じ、動き方も補助教員的な活用、スクールカウンセラー（以下、「SC」とする）をイメージして1時間ごとに相談者の予約を入れる相談員としての活用、勤務日を設定せずに登録制で何か事が起こったときにSSWerを呼ぶという活用、といった業務枠組みとなっているところが存在することも事実である。

　この背景に、社会福祉関連資格所持者の不足が指摘されている。病院等他の機関においてフルタイムで仕事をしているソーシャルワーカー（以下、

「SWer」とする）を時間雇用するしか方法がなく、やむを得ず緊急場面にのみ助言に学校へ入るという活用も生じている。こうなると新しい人材活用とはならず助言できる何らかの専門性のある子どもに関連する職業経験者を採用することとなってしまう。雇用形態のほとんどは時間雇用であり、それでは生活が成り立たず、可能性のある新卒の人材が集まらない、という悪循環が生じている。ソーシャルワーク（以下、「SW」とする）が教育の世界に未知であるからこそ生じている実態である（第4章参照）。

　研究レベルでは、2008年事業開始後、今までの少数自治体の実践ではなくなったため、さまざまな研究や実践報告がなされてきたが、配置形態などの実態報告であったり、数少ない事例報告であったり、心理ベースの研究報告であったり、SW実践そのものを実証的に明らかにしたものは多くは見当たらない状況である（第2章参照）。

　以上、実践・研究双方から、学校現場にSW実践を広く明らかに示し、承認され評価される必要がある。実践の結果、家庭環境が改善されるだけでなく、学校環境が改善され、個人や地域がエンパワメントされていくものとして実証していくことが重要であり、SWの評価が必要不可欠である。本研究の目的は、プログラム評価の理論（Rossiほか2004）を援用して、SW理論をベースにしたSSW実践を明らかにしたプログラムとしてモデル化し、それに基づいた実践とその評価、さらに改善することによって効果モデルの開発・形成を行うことである。効果モデルは、この評価プロセス全体を通じて、科学的根拠に基づく実践（EBP）を含むものとなる。

　本プログラムの特徴は、教育委員会と協働で行うことでどのように教育委員会がSSWerの事業計画を作成するのかというプロセスを含み、SSWerから見ると今まであまり明確にされていなかったメゾ、マクロ実践をも含む、まさに「効果的なSSW事業プログラム」の開発を行うという点である。

　当初、この名称は上記の意味をもって「効果的なSSWer配置プログラム」としていたが、配置すれば終わりになる印象を与えることやSSWer

の実践がイメージしにくいことから、教育委員会とSSWer双方の実践から作られる事業を意味して、「効果的なSSW事業プログラム」と名称を変更した。ゆえに過去に作成した報告書名は以前の名称のままである。

2. プログラム評価とは——効果的プログラムモデル形成に果たす役割

1) プログラム評価の対象になる「プログラム」とは

　まず最初に、プログラム評価の対象になる「プログラム」とは何かを明らかにしておきたい（大島 2015）。

　プログラム評価の対象となる「プログラム」は、一般的には「社会的介入プログラム」、あるいは単に「社会プログラム」と考えられる。「社会プログラム」は、社会問題や社会状況を改善するために設計された、組織的で計画された、通常は継続的な取り組みである（Rossiほか 2004）。本書で取り上げる「SSW事業プログラム」は、まさにこの社会プログラムに当たる。児童・生徒の不登校やいじめ、子どもの貧困や児童虐待、障害のある子どもへの対応など、学校に通う子どもたちをめぐる社会問題、社会状況を解決・改善し、より良い学びの機会を確保するための体系的な取り組みと位置づけられるであろう。他に福祉に関連する「社会プログラム」を例示すると、精神科病院へ長期入院している人たちの地域移行・地域定着を目指す社会プログラム、一般就労を望む障害のある人たちの就労移行を支援するプログラムなど、さまざまなものを挙げることができる。

　このように「社会プログラム」は、社会的に解決を目指す明確なプログラムゴールをもっている。そして、このゴールを実現するために、最も有効・効果的で、実現可能な組織的で計画された取り組みの単位（構造・機能・プロセス）、すなわちプログラム単位を明確にすることが求められる。この取り組みこそが、プログラム評価の中核的な機能である。同時にその取り組みは、プログラムの効果性と質を高め、「効果的プログラムモデル」

を形成するためのアプローチでもある。

2）プログラム評価の定義と目的

　プログラム評価とは、ある社会的な問題状況を改善するために導入された社会プログラムの有効性を、①ニーズへの適合性（ニーズ評価）、②プログラムの設計や概念の妥当性（プログラム理論評価）、③介入プロセスの適切性（プロセス評価）、④プログラムの効果（アウトカム評価・インパクト評価）と、⑤効率性（効率性評価）という諸側面から、総合的・体系的に査定・検討しその改善を援助して社会システムのなかに位置づけるための方法（Rossiほか 2004）を言う。

　ある社会的ゴールの実現という社会的使命をもって導入される社会プログラムに対して、ゴール達成の程度を明らかにするとともに、ゴール達成に最も合目的的で、有効な組織的で計画されたプログラム単位（構造・機能・プロセス）、プログラムモデルを科学的に検討し、効果的プログラムモデル（以下、効果モデル）を形成することが目指される。そのことにより、より効果的で有用性の高いプログラムを、社会のなかに位置づける、という実践的な機能をもっている（大島 2015）。

　このようにプログラム評価は、その評価プロセス全体を通じて、科学的根拠に基づく実践（Evidence-Based Practices; EBP）を含む効果モデルの開発、形成と改善、社会のなかで効果モデルの実施・普及を目指す。

　この目的を達成するために、プログラム評価では、5レベルの階層を形成する5種類の評価を総合的に実施する（Rossiほか 2004：大島 2015）（図序-1）。それはプログラム評価の定義にも関わる上述の5種類の評価を含んでいる。すなわち、①ニーズ評価、②プログラム理論評価、③プロセス評価、④アウトカム評価・インパクト評価、⑤効率性評価である。

　それらは、**図序-1**に示したように「評価階層」と呼ばれる階層構造を取りながら、相互に連携して体系的なプログラム評価が行われる。

3) 効果モデルの可視化と、形成・改善評価の方法

　こんにちEBPプログラムのような効果モデルを、利用者や実践家などが参画して、協働で形成することが求められている。そのためには、まずより良い効果モデル（有効な支援のパッケージ）を構築するためのプロセスと方法論、そしてその効果モデル自体を可視化し、具体的に記述する手立てが必要となる（大島 2015）。大島ほか（2013：大島 2015）は、効果モデルを可視化し、操作的に定義するために次の5要素を設定した。

①効果モデルのプログラムゴール設定と、その達成過程を示す**インパクト理論**（ゴール設定に関わる設計図）
②プログラムゴールを実現するためのプログラム構成の設計図に当たる**プロセス理論**（サービス利用計画、組織計画）
③実践家等の創意・工夫を盛り込んだ**効果的援助要素リスト**（list of critical components）
④効果的援助要素の実施状況、およびプログラムアウトカムを測定するための**評価ツール**（「効果的援助要素」の実施状況尺度であるフィデリティ尺度［モデル適合度尺度］、およびアウトカムモニタリング尺度）
⑤以上の内容を具体的に記載した**プログラム実施マニュアル**（実施マニュアルと評価マニュアルから構成）

　これらの効果モデルの5構成要素を、利用者・家族、実践家、管理者、行政など、社会プログラムに関わるすべての利害関係者が共有して5要素のそれぞれを、少しずつでも改善するための試みを行う必要がある（大島 2015）。たとえば実践家であれば、③の創意・工夫を盛り込んだ効果的援助要素リストの改訂や、⑤のプログラム実施マニュアルの改訂に大きく貢献する可能性がある。このような活動によって、各自の立場からより有効性の高い効果モデルを形成し、継続的に改善する取り組みが可能になる。このアプローチ法、評価方法論については、「プログラム理論・エビデン

ス・実践間の円環的対話による、効果的福祉実践プログラムモデル形成のための評価アプローチ法（CD-TEP評価アプローチ法；An Evaluation Approach of Circular Dialogue between Program Theory, Evidence and Practices）」として整理され、その有用性が検討・検証されつつある（大島ほか 2012a）。

　実践において導入された「プログラムモデル」を、より効果的な効果モデルに形成・発展させるために、それぞれの「評価階層」ごとに取り組むべき「効果的モデル開発の課題」がある（大島ほか 2012a; 2012b）。それは、次の3課題領域に整理できる。

　Ⅰ．効果モデル開発評価：新規の効果的プログラムモデルの開発をする。既存プログラムを効果モデルに再構築する。
　Ⅱ．効果モデルの継続的改善・形成評価：より効果的なプログラムが構築されるよう、科学的・実践的なアウトカム評価・プロセス評価を用いて、継続的に効果モデルへと改善・形成を試みる。
　Ⅲ．効果モデルの実施・普及評価：効果が立証された効果モデルの実施・普及を進め、ニーズのある多くの人たちにサービスを提供する。

　福祉実践家・ソーシャルワーカーは、福祉実践プログラムに日々関与しながら各種の支援活動を行っている。したがって、自ら関わる支援サービスをより良いものに向上させる職業倫理を満たすためには、日常的に、前項で示したプログラム評価課題のⅠ～Ⅲの課題（効果モデル形成評価の課題）に向き合う必要がある（大島 2015）。

　世界的なレベルで、社会福祉問題の解決に有効性が立証された取り組みがEBPである。効果性に関するエビデンスレベル（正木・津谷 2006）が最上位のプログラムである。福祉実践家・ソーシャルワーカーは、エビデンスレベルがより高く、より有効性の高い取り組み・実践を求めて、効果モデルを開発し（①開発評価）、実践のなかで有効性の裏付け（エビデンス）を確保し、関係者間でその支援方法を共有し定式化して、専門領域の多くの

エキスパートが推奨するエクスパート・コンセンサスモデル、ベストプラクティスモデル、そしてEBPモデルへと発展させる（②継続的改善・形成評価）ことが求められる（大島ほか 2012b）。

そのうえで、EBP等効果モデルが形成されたら、そのプログラムを制度・施策化して社会のなかに定着させ、福祉問題解決のニーズをもつすべての人たちに提供できるよう努力する（③実施・普及評価）ことが必要とされる。このように実践現場から研究知見・制度への働きかけをする積み上げていく取り組みは、ボトムアップ型評価アプローチと呼ばれており（Chen 2010）、今後の発展が期待されている。

3. 研究方法と本書の構成

本研究は、前項で示した、プログラム評価の理論と方法（Rossiほか 2004）、効果モデルの可視化（大島ほか 2013）を一貫して援用して進めてきた。

前述した3つのステージに沿って本プログラムについて段階ごとに説明を行う（図序-1）。第1ステージが効果モデルの開発評価であるが、本研究の場合、①ニーズ評価は、教員のニーズ調査（山野ほか 2008）、SSWerの実践に関する調査（赤尾・山野・厨子 2011；厨子・山野 2011）をすでに行っておりニーズを把握していた。その作業から標的集団を特定し、プログラムゴールを議論し、作成するプログラムがSSWerのみならず教育委員会担当者とセットである必要性を確定した。②プログラム理論評価においてはゴールにつながる一連のアウトカムが示されているインパクト理論とこれを達成するための「組織計画」「サービス利用計画」であるプロセス理論からなるプログラム理論を作成する。本研究のプログラム理論は、2010年と2011年に全国レベルで先進している地域の教育委員会担当者とSSWerにインタビュー調査（グッドプラクティス調査）を行い、「教育委員

図序-1　評価階層と効果モデル開発・形成の課題

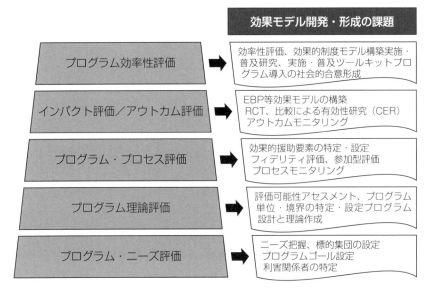

出所：大島（2012a；2015）

会担当者はSSWerを機能させるためにどう事業計画し、SSWerはどう動くのか」というトータルなプログラムモデルを作成した（中里ほか 2014）（第3章）。

　第2ステージが効果モデルの継続的改善・形成評価であるが、①プロセス評価、②アウトカム評価どちらも2012年に全国調査を実施し、全国の実践（横井・酒井ほか 2013；山野・梅田・厨子 2014；駒田・山野 2014）の状況を把握し（第4章）、そのデータを用いた実践家参画型ワークショップを2012年に開催した。全国調査結果から見えるエビデンスと日頃の実践を往復させた議論を行い、提示したモデルの改善を行った（第5章）。改善したプログラムを活用した実施を2013年に試行し、具体的にどのように取り入れたかなど実践家参画型ワークショップを継続的に開催した（第5章）。さらに試行調査を行い（山野 2015）、その評価に取り組んだ（第6章）。これらを経て最終的に現時点で完成した効果的プログラムモデルを提示する

表序-1 プログラム評価に基づく研究枠組みと章立て

ステージ	評価階層	研究方法	章立て
Ⅰ．効果モデルの開発評価	ニーズ評価	文献研究	第1章・第2章
	プログラム理論評価	グッドプラクティス調査 **仮モデル作成**	第3章
Ⅱ．効果モデルの継続的改善・形成評価	プロセス評価	全国質問紙調査	第4章
		実践家参画型ワークショップ（全国調査）	第5章
	アウトカム評価	**修正モデル作成** 実践家参画型ワークショップ（試行調査）	第5章
		修正モデルに基づく試行調査	第6章
	効果モデルの完成	**完成モデルの提示**	第7章
		総合考察	第8章
Ⅲ．効果モデルの実施・普及評価		※今後、プログラムの実施がしやすいようにWebによるチェックと評価表が出力できるようにし、効率性評価やさらに導入による社会的合意形成を図っていく予定である。	

出所：筆者作成

* 本研究は、日本学術振興会科学研究費補助金（基盤研究A）「ソーシャルワークの評価方法と評価マニュアル作成に関する研究」（研究代表者：白澤政和）における児童（学校）領域「スクールソーシャルワーカー配置プログラムに関する研究」（連携研究者：山野則子）、大阪府立大学キーパーソンプロジェクト「エビデンス・ベースト・スクールソーシャルワーク研究」（研究代表者：山野則子）の補助金を受けることによって、報告書、マニュアルなど広く全国に発信してきた。

に至った（第7章）。

　第3ステージが、**効果モデルの実施・普及評価**であるが、現在、効果的援助要素をWebで簡単にチェックできるよう取り組んでおり、今後広く普及していく予定である。

　プログラム評価は、一度作成したモデルを試行し改善することを繰り返すため円環的に進むことになる。本来初めに作成した第3章の効果的援助要素を第3章で説明すべきであるが、その後修正し現段階の最終版を掲載したほうが混乱がないと思われるので、第3章の結果は簡単に示すにとどめ、効果的援助要素の意味は最終版である第7章に掲載した。そして第8章において総合考察を行う。

文部科学省の事業とは差別化してSSW事業プログラムと命名し、その効果的プログラムモデルをまとめた。文部科学省SSWer活用事業との違いは、プログラムゴールを明示し、その達成に必要な教育委員会担当者、SSWer双方の動きを示したこと、SSWerの動きは子ども・保護者への対応だけではなく、学校、教育委員会、関係機関をターゲットにアプローチすることを明確化したこと、さらに子ども・保護者につながる前の段階の動きからプロセスとして示していることにある。

第1部
スクールソーシャルワークが求められる背景と意義

第1章　家庭と学校の現状

　この章では、貧困や孤立など現代の子どもと家庭のおかれている現状と、日々それらの課題と向き合っている学校の現状について述べる。その上で、家庭と学校の抱える課題解決に向けたスクールソーシャルワーク（以下、「SSW」とする）の必要性と意義について解説する。

1. 子ども家庭の現状

1）子どもと家族の経済的問題

　近年、子どもと家庭の経済的貧困や格差が大きな課題となっている。経済的な背景と子どもへの影響について以下に述べる。

①子どもと家庭の貧困

　1990年代半ば頃から上昇傾向にあった子どもの相対的貧困率は、厚生労働省（2014）によると2012年には16.3％となり、最も高い割合を示している。つまり、平均的な所得の半分を下回る世帯で暮らす18歳未満の子どもの割合が6人に1人ということになる。大人も含めた相対的貧困率も16.1％と悪化傾向にあるが、1985年の統計開始以来はじめて子どもの貧困率が上回っている。

　また、同調査によると、子どもがいる現役世帯の世帯員のうち、大人が

1人の世帯の相対的貧困率は54.6％と非常に高い水準となっている。これは、ひとり親家庭の子どもの2人に1人は貧困状態にあることとなる。なかでも母子家庭は、所得が300万円以下の割合が70％を超える厳しい状況に置かれている。母子家庭の母親の多くは就労しているが、貧困から抜け出せない現状にあり、生活保護も受けずにワーキング・プアの状態となる世帯も少なくない。

②保護者の経済的背景による子どもへの影響

　文部科学省（2014a）によると、2012年度の就学援助の対象者は約155万人であり、前年度から約1万5000人減少したものの、就学援助率は15.6％と年々増加傾向にある。学校では、学用品を購入せず用意してくれない、健康保険に未加入のため病気やけがをしても学校の保健室ですませる、給食だけが唯一の食事となっている、などといった状況が日常的に聞かれる現状となっている。

　お茶の水女子大学（2014）の調査から、家庭の社会経済的背景（SES）が高い児童生徒の方が各教科の平均正答率が高い傾向が見られ、家庭の社会経済的背景と子どもの学力との間には強い相関があることが示されている。その一方で、家庭の社会経済的背景が低くても学力が高い児童生徒には、朝食等の生活習慣が確立されている、勉強や成績に関する会話があるなどの特徴があることもわかり、家庭における子育て環境と学力との関連が指摘されている。

　このほかにも、保護者が働きづめで子どもと向き合う時間がなく、子どもも保護者も孤立が深まっていくといった、家族関係への悪影響も指摘されている。このような家庭は学校との関係も希薄になりがちである。そのため、学校側では保護者が就労をしているので経済的には問題ないと捉えてしまい、貧困とそれにともなう子どもへの影響として把握されにくいという状況もある。例えば、不登校にはこうした経済的な問題が背景となる傾向も見られるが、学校は保護者の無責任や無自覚という養育面の問題と

して扱ってしまう場合も少なくない。

2) 子育て不安、孤立

経済的な問題から社会資源やネットワークとつながることができず、また、近年の地域社会における協働的機能の低下といった要因などからも、子育て世代における子育ての孤立と子育て不安の増加は深刻化している。

①子育ての孤立

原田ほか（2004）による子育て実態調査によると、近所にふだん世話をしたり赤ちゃんの話をしたりする人が「いない」と答える母親が20年前に比べて2倍以上増加し、3歳児検診時点で5人に1人の親が孤立している結果が示されている。

子育てについての情報や悩みを共有できる人が日常的にいるかどうかは、親の精神的な安定に大きな影響を及ぼす。いわゆる「母子カプセル」状態での孤立は、精神的なストレスを蓄積し、ひいては子どもの心身の発達にも影響を及ぼすことが懸念されている。

②子育て不安の増加

また、同実態調査では、育児のことで今まで心配なことが「しょっちゅう」あると答える母親が、20年前の6〜7%から13〜14%へと大きく増加している実態も報告されている。子どもの欲求が理解しにくい、心配事が解決できないまま放置されている、育児に自信がもてないなどの状態である親ほど、育児不安が高いことがわかっている。こうしたことが子育ての負担感を増大させ、いらいらして子どもに体罰を加える、子どもと離れたいという気持ちを引き起こしていることも明らかになっている。

3) 児童虐待の増加

近年増加している児童虐待にも、こうした家庭の社会経済的な背景による要因が存在することが指摘されている。

①児童虐待の増加

厚生労働省雇用均等・児童家庭局（2014）の資料によると、2010年度の児童相談所における児童虐待相談対応件数は5万5154件に上り、児童虐待の防止に関する法律が法定化された2000年度と比較して、10年で約3倍となっている。発見や通告が行き届いてきたという近年の取り組み状況の進展も考慮すべきであるが、このように児童虐待への対応件数は年々増加傾向にある。

児童虐待の背景には、これまで見てきた家庭の社会経済的な問題や保護者の心身の不調など、複合的な課題が存在している。高橋ほか（2004）による、一時保護し、かつ一定の方針をたてることができた事例を対象とした17児童相談所における親の状況調査では、親の未熟（52.3％）、親族関係の不和（31.7％）、社会的に孤立（22.8％）、精神的に不安定（22.6％）、多額の借金（20.6％）が複数回答において多い傾向にあることがわかっている。また、診断名のある精神疾患がある（12.8％）場合もあり、診断名がついていないが精神不安定やパーソナリティ障害の疑い、アルコール依存、暴力傾向、薬物依存などが考えられる場合に至っては合計67.2％という高い割合となっている。

このように、児童虐待の背景には、保護者が社会経済的な困難や精神的な疾患を抱えている家庭の状況がうかがわれるが、虐待による子どもの心身状況と社会性への影響もまた深刻である。厚生労働省雇用均等・児童家庭局（2009）によると、情緒障害児短期治療施設入所児童の71.6％、児童自立支援施設入所児童の65.9％に被虐待経験があり、内訳では身体的虐待が最も多いことが示されている。少年院在院者に至っては、身体的暴力、性的暴力および不適切な保護態度のいずれか1つでも受けた経験のある者

は全体の70.5％にまで及んでいる（法務総合研究所 2001）。このほかにも、被ネグレクトの子どもの約25〜28％に「発達の遅れ」、約22〜29％に「不登校（欠席が多い）」、約15％に「問題行動・非行」が見られるという調査結果もあり（安部 2011）、虐待と非行や不登校との関連性が示唆され、被虐待経験による子どもの成長発達への影響が懸念されている。

②学校における虐待対応

また、同じく厚生労働省雇用均等・児童家庭局（2014）によると、学校が市町村に虐待相談をした件数も年々増加しており、2007年は7218件、2009年は8386件であった。このように、虐待への対応は、近年、学校においても重要な課題となっている。

以上のような状況に対し、学校を拠点として家庭への支援を広げるため、内閣府（2014）による「子供の貧困対策に関する大綱」をふまえた2015年度概算要求では、全国で約1500人のスクールソーシャルワーカー（以下、「SSWer」とする）（2014年度予算ベース）を5年間で約1万人に増やす方針が打ち出された。人材面や体制づくりなどの点で課題は少なくないものの、SSWerは学校と家庭をつなぎ、教育と福祉の協働関係を促進するために重要な役割を担っていることが認識されている。子どもと家庭のQOLの向上に貢献できるSSWerの働きが今後ますます求められている。

2. 学校の現状

1) 学校における児童生徒の問題事象

前節のような子どもの家庭におけるさまざまな社会的・経済的な背景を背負う子どもたちが学校で表す課題について、文部科学省（2013a）の資料を主な参考にして、以下に整理する。

①不登校

　不登校の児童生徒数は、2001年度以降緩やかな減少傾向にある。しかし、2012年度は11万3000人と1997年度から依然として10万人を超え、過去10年間における不登校児童生徒数の割合も、1.09％から1.2％の間でほぼ横ばいに推移している。

　この調査では、不登校になったきっかけと考えられる状況を、不安などの情緒的混乱や無気力、いじめを除く友人関係をめぐる問題などの点から示している。田中（2013）は、不登校の小・中・高校生のうちの約7割が体調不良を伴う状態にあり、不登校には至らないが体調不良のため遅刻や欠席を繰り返している児童と生徒はさらに多く、これらの子どもの多くがストレス関連疾患としての心身症を患っている状況にあることを指摘している。それは、10歳の前思春期から成人心身症のように臓器特異的な疾患が現れる傾向にあり、不登校による学業に対する不安、友人との疎外感などがさらに心理社会的ストレスになって心身症状を悪化させる悪循環に陥っているという。

　また、不登校では、保護者の放任から子どもを積極的に登校させないという事例が問題となることも少なくない。その背景には保護者の社会経済的な問題が存在する場合が少なくないことは先に見た通りである。

②暴力やいじめ、自殺

　2012年度の小・中・高等学校における暴力行為の発生件数は約5万6000件で前年度とほぼ同数であり、児童生徒1000人当たりの発生件数は4.1件（前年度4.0件）であった。このうち、児童相談所や児童自立支援施設、少年院などを含む関係機関の措置を受けた加害児童生徒数は、小学生が8000人を超えて2006年度から増加傾向に、中学生が3万9000人で横ばい傾向にある。

　また、2006年度から減少傾向にあった小・中・高・特別支援学校におけるいじめの認知件数は約19万8000件と、前年度の約7万件から約12万

8000件も増加している。警視庁生活安全局少年課（2014）によると、2006年以降減少傾向にあったいじめに起因する事件の検挙・補導人員においても、2012年から急増を示し、2012年は511人、2013年は724人にのぼっている。これらの急増の背景としては、東日本大震災の被害によるストレスや、2011年10月に起きた大津市の中2男子自殺事件との関連性も指摘されているが、いじめ対策基本法の成立もあり、学校はいじめ事案の対処と予防にさまざまな観点から取り組むことが要請されている。

郭（2012）は、暴力やいじめなどの加害行為で留意すべき点として、加害の子ども自身が暴力や虐待などを受ける被害経験をもち、怒りや憎しみをためこみ、自身に対する自傷行為や自殺企図、他者に対する暴力やいじめなどに転換される場合があるという、加害と被害の関連性や連鎖性を取り上げている。学校は、こうした関連性をも視野に入れて、人間関係を修復するという困難な取り組みを進めていく課題にも直面している。

③発達課題

文部科学省（2012a）において、学習面または行動面で著しい困難を示すとされた児童生徒の割合は、2002年に行った5地域を対象とした調査で6.3％、2012年の全国調査（岩手県、宮城県、福島県を除く）で6.5％（推定値）と示されている。また、学習面または行動面で著しい困難を示す児童生徒以外にも、何らかの困難を示していると教員が捉えている児童生徒が少なからずいることも指摘されている。

家庭においては、このような子どもの発達における特性から子どもを育てにくいと感じ、大きなストレスを抱えて虐待に至ってしまうという事例も少なくない。

2）学校と保護者との関係における問題状況

学校は、保護者との関係においてもさまざまな課題に直面している。その問題となっている状況について述べる。

①保護者の放任

　山野ほか（2008）による、子どもや保護者に対して学校が抱える困難状況や教員ニーズについての調査では、保護者との関係で苦労したことがある教員は83％に上ることが明らかになっている。なかでも、「持ち物がそろわない（73.7％）」「子どもの宿題をみていない（70.5％）」「教材等の支払いが滞る（67.2％）」などの「親の放任」という、保護者に問題意識のない領域に多くの困難をもっていることが浮き彫りになっている。子どもの学校生活に直結する事柄だけに、学校はいろいろな角度から保護者にアプローチするものの「のれんに腕押し」のような状況で的確な保護者像を捉えられず無力感に苛まれてしまうのである。

②保護者の要求

　その一方で、小野田（2006）によると、保護者の側からは「無理難題要求」が急増し、保護者が日常生活におけるストレスのなかで学校や行政などの言いやすいところに苦情が殺到するという現象も生じている。これらの要求の背景には、社会のあらゆる問題が教育問題であるように捉えられ、「学校がやって当然である」という意識が急速に進んだ影響も大きいとされている。

　内閣府（2005）のアンケートでも、保護者が現在の学校の教員に対して満足しているかどうかについて、満足（「非常に満足している」と「満足している」の合計）が27.3％、「どちらともいえない」が44.3％、不満（「不満である」と「非常に不満である」の合計）が28.4％であり、不満を感じている保護者が3割弱となっている。小学校高学年、中学生ではさらに不満の割合が増加している。現代社会は、能力の主要な部分を学力や成績、学業態度などによって捉えられる社会であるため、学校生活は、相対評価による学業成績の向上という準備期として過ごされる傾向が強い。特に中等教育においては、生活準備的な側面よりも受験準備的な傾向が強調される側面を有している。このような価値観のなか社会の現実に直面してきた保護者に

とって、学校の示す評価は絶対であり、子どもの将来を思うがゆえの当然の要求である場合も少なくない。

　学校は、日常的に、家庭訪問や通信手段などのさまざまな手法を用いて、保護者との信頼関係がつくられるよう奔走している。保護者の学校に対する訴えや不満も、子どものQOLを中心にすえ、学校と家庭との関係を再構築していくきっかけとして捉えなおす視点が学校には求められている。

3）教員の勤務実態における問題状況

　このような児童生徒の抱える課題、保護者の抱える課題と日々向き合っている教員は、どのような状況に置かれているのであろうか。

①教員の勤務実態

　東京大学（2006）の調査によると、小・中学校教員の残業時間は、1日あたり平均約2時間、1月あたり平均約34時間であり、1966年度の調査結果と比べ平均で約4倍も増加している。その残業時間における業務は、授業準備や成績処理のほか、事務・報告書作成、学校行事、部活動・クラブ活動などであり、さらに、持ち帰り時間や休日でも授業準備、その他の校務、部活動・クラブ活動などの業務が常態化している実態が明らかになっている。また、国民教育文化総合研究所（2013）においても、授業や補習指導、生徒指導、学校行事、部活動・クラブ活動など「児童生徒の指導に直接的にかかわる業務」のなかには、部活動や給食・栄養指導、清掃指導、登下校指導・安全指導、生活相談、カウンセリングなどのさまざまな指導が含まれ、教員の多岐にわたる多忙な業務実態が指摘されている。

②教育制度の変革

　2006年度の「OECD生徒の学習到達度調査（PISA）」では、2000年度の同調査に比べ「数学的リテラシー」や「読解力」が低下したことから「学力低下」が問題視された。2008年度の学習指導要領改訂では、これま

での「ゆとり教育」を転換し、総授業時間数が2940時間から3045時間へと増加されている。その後、2012年度の同PISA調査では、「読解力」「数学的リテラシー」「科学的リテラシー」の全3分野の平均点が2000年の調査開始以降で最も高く、順位も2009年度を上回っている。この結果ついては、総授業時間が増えたことが一定程度評価される一方で、詰め込み教育に戻っただけとする議論もなされている。こうした子どもの学力をめぐる教育改革では、「不適格教員」や「指導力不足教員」の認定についてなど、教員の資質についても同様に問題視されてきた。専門職としての資質向上は必要不可欠であるが、教員の心にゆとりがなくなり、悩みを同僚や管理職に打ち明けることができなくなるなどの弊害も生じている。事務処理に忙殺され、子どもと関わる時間も十分取れなくなってきている。

③教員のストレスや精神疾患

　文部科学省（2014b）の調査における「離職の理由別離職教員数」では、小・中学校における病気を理由とした離職教員996人のうち、精神疾患を理由とした教員が583人と約6割を占めるに至っている。こうした精神疾患による退職者や病気休職者が増加している背景には、これまで見てきたような児童生徒と保護者、教育制度の狭間において課題解決が困難な状況が数多く存在するためとも考えられている。SSWerは、こうした課題を抱える人と環境との相互作用に着目し、その接点に介入して、関係性と環境を豊かなものへと変革するための価値・知識・技術をもつ専門職である。子どものQOL向上に向けて、福祉と教育との協働を促進し、学校が「学びの共同体」としての機能を発揮できるよう、その役割の一助を担うことが期待されている。

3. 今なぜスクールソーシャルワークなのか

1) すべての子どもたちのなかで課題を抱える子どもや家庭

　以上から、総括すると子育て環境において、孤立や不安などの状態にある家庭がすべての子育て家庭の3分の1を占める可能性があり、さらに貧困状況にある子どもが16.3％（子どもの相対的貧困率）ほどあることになる。そして孤立や不安から生じる育児負担感がそのまま不適切な養育に.89という高い相関で関係していくこと（山野 2005）や、ひとり親家庭や経済的困難がそれぞれ3割ほど児童虐待に関連すること（東京都福祉保健局 2005）がわかる。そして児童虐待が先述した非行（法務総合研究所 2001）に高い数値で関連しているだけでなく、ネグレクトが不登校に3割ほど関連していくこと（安部 2011）からも、孤立や貧困が児童虐待に影響し、児童虐待が非行や不登校に影響していくことがわかる。これらの3割やそれ以上の数値は、とても児童相談所で対応できる数字ではない。

2) 学校から見える景色と児童相談所から見える景色

　学校では、子どものさまざまな心配事に対する家庭訪問や地域への訪問、保護者からのクレイム対応、さらには不審者情報等地域の課題にまで対応し時間を費やしている。日本の教員の労働時間はOECD加盟国のなかで最も長く週53.9時間（平均38.3時間）、かつ指導（授業）に使った時間は17.7時間と平均19.3時間より低いという結果（国立教育政策研究所 2014）が示すように、教員は本来の学習に関わる仕事以外を多く引き受けていることがうかがえる。それでも対応しきれない、苦慮する子どもたちを児童相談所に相談あるいは送致するのである。相談あるいは送致する子どもは、一般的には各学校の全校児童生徒数の1％ほどであり（山野・山縣 1999）、学校から見てより重篤な課題と思われる子どもや家庭である。

　だからこそ、この1％ほどの子どもや家庭には、児童相談所における施

設入所への期待を学校は高くもつ。さらに学校がほかの方法をあまり知らないこともあって、その方向に拍車をかけるのである。しかし、児童相談所では各地の学校から約1％の子どもたちが送られてくることになるので、母集団がすべての子どもたちではない。約1％の子どもたちの集合から、さらに施設入所が必要な子どもたちを決定することになる。もちろん学齢児だけではないが、全相談件数のうち施設に送致できているのは10％にも満たない（厚生労働省 2011）。先述してきた子どもをめぐる課題の重さゆえに連携や対応が困難になっているだけでなく、この期待と現実のずれが関係機関の連携をさらに難しくさせている（山野 2009a）。

3) 就学後の仕組みの必要性：居所不明、児童虐待問題へ対応できる仕組み作り

また、居所不明の子どもの問題がクローズアップされている。文部科学省によると2012年5月時点で1491件、小中学校の児童生徒が居所不明であったと報告されている。居所不明のなかには見えない貧困の存在は欠かせない。2014年策定された「子供の貧困対策に関する大綱」のなかで議論されたように就学援助制度の書類配布による周知率は61.9％（文部科学省 2013a）である。100％ではなく、かつ用紙配布という限界がある。十分な情報を知らずに、生活保護制度、児童扶養手当など経済的な援助を受けることができるとは思わずに、子どもを道連れにその場を立ち去ってしまう場合も実際に存在する。すべての家庭に、自身のこととして届くようにどう知らせるかが重要ではないだろうか。

つまり、見えない貧困を含む居所不明や児童虐待などの問題は全数把握できる機関でないと把握できない。さらに必要な人に届けるにも全数把握しているところからでないと届かない可能性がある。例えば、乳幼児では全数把握の機関として保健所・保健センターが位置づいており、法定健診（委託がほとんどであっても）、そして子どもの発達の問題だけではなく親の育児不安などのピックアップを行っている。未受診の家庭には訪問し、キ

ャッチするような仕組みがあり、予防から発見、ケアまでの流れが存在する。さらに、発見後、複数のメンバーや複数の機関における検討する仕組みも存在する。

　しかし学齢児においては、予防や発見、複数のメンバーや機関による定例で検討する場がない。それまで丁寧に検討がなされ、直接的のみならず間接的にもフォローされていた子どもや家庭は見えなくなっていく。関係者が知り得るのは、次に問題行動として表面化したときとなる。居所不明や児童虐待の問題は予防や早期発見、そして複数メンバーや機関で検討する仕組みが作ることができなければ根本的な改善に至らないであろう。

　市町村には、ほぼ設置率100％（厚生労働省2012）で児童虐待に関する要保護児童対策地域協議会が設置されている。本来は、ここに検討すべきすべての子どもや家庭があがり、真に検討できると上記の問題も少しはクリアされるかもしれない。しかし、現在は検討というよりは事例数の多さから、ケースアセスメントではなく重症度判定のみに重点が向いている。全国を見渡したときに、市町村の調整機関には継続性や専門性、権限などが担保されず、マネジメントに焦点が当たっていない（山野2009a）課題もあり、一人ひとりの子ども家庭の検討を丁寧に行うには市町村単位では時間的にも力量的にも限界があるのが実態である。

4）学校におけるソーシャルワークの意義

　以上のことを、福祉も教育もどちらの立場であっても理解する必要がある。1）や2）を知ったうえで、3）の仕組み作りとセットで、学校におけるソーシャルワーク（以下、「SW」とする）や「子供の貧困に関する大綱」で出された、さまざまな拠点の意味である「学校プラットフォーム」を検討したり位置づけたりすべきであろう。そうでなければ、SSWerが配置されたが機能しない、学校が拠点になったが負担が増加しただけという結果になりかねない。また、これらを一歩でも進めるためにも学校においてSWを位置づける意義がある。その意義を、学校が全数把握できること、

図1-1 援助の領域

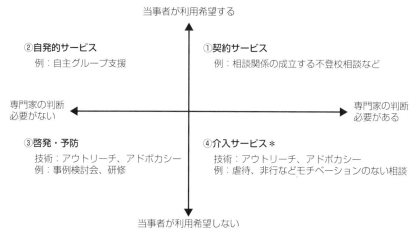

出所：山野（2007）

誰にとっても身近であることの2点から、①発見機能、②予防機能、③仲介機能を生かせる可能性を述べる。

1点目は、学校は就学後、全数把握できる唯一の機関である。SSWerが学校に入ることで、先述の保健所のように発見や予防の機能の可能性が生まれるという点である。2点目は、誰もが知っていて行ったことがある学校は身近である。すべての層の3割を扱うには身近さが重要であり、硬直しやすい教育と福祉の狭間をつなぐ仲介ができる可能性がある。

①発見機能

発見という意味では、たとえば、SSWerの導入によって、全数把握できる学校に福祉の視点を入れることになり、まず早期に気づくシステム作りを行える可能性がある。それは、SWの技法であるアウトリーチによって、教員は気になっているが、家族に問題意識のない事例（図1-1の＊第4領域、場合によっては第3領域）でも必要な事例には積極的に関わっていくからである（山野 2007）。

まず教員からの聞き取りを積極的に行い、必要な事例には教員とともに教員へのサポートを行いながら動いていく。アセスメントを丁寧に行うことにより、経済的問題や病気の問題などの背景を浮上させる。ここではじめて学校は対応の必要性を実感できる。何となく学校から働きかけにくい、問題として明確ではないとあきらめがちな事例に子どもの最善の利益をベースに、介入の必要性を喚起していく。ここでいう介入は、児童相談所のような法的な強制介入ではなく、SWの基本の介入であり、さまざまな方法を用いて、子どもや家族と話せる関係を作り、援助へ導くことである。表面化されていないために、問題の深刻さが見えず、あるいは教員が介入しにくい領域であるがために児童虐待の発見が遅れる事例、児童虐待が発達、非行、不登校の陰に潜んでいる事例への対応策の1つとなるであろう。

　このように子どもの抱えている問題の背景を明らかにし援助につなぐことが重要であり、そこにSSWのアウトリーチの役割がある。2007年度に行った教員に対するニーズ調査では、教員の困り感は図1-1の第4領域に集中していた（山野ほか 2008）。その意味でもアウトリーチによってこの領域にアプローチすることの意味は大きい。そして全数把握が可能な学校であるから、この作業に意味がある。SSWerが全数把握機関のなかで**発見機能**を担うことは、現代的課題の児童虐待においても非行、不登校においても重要な意義がある。

　SSWerが各学校に1人という配置ではない、現在の配置数では、実際は、直接というよりは複数の子どもたちを見ている教員を経由して発見機能を果たすことになり、SSWerからの**教員への働きかけ**の重要さがわかる。

② 予防機能

　アメリカ・イリノイ州では、州法によって子どもたちのリスクのレベルを3段階に分けて、それぞれのプログラムを提示している。そのレベル1は、対象がすべての子どもたちである。ソーシャル・エモーショナル・ラーニング（SEL）として、子どもたちの感情の表出方法や自己理解を深

められるプログラムが提供されている（山野・德永 2009；馬場 2011）。

　日本でもSSWerがソーシャル・スキル・トレーニング（SST）として子どもたちにワークを行いながら、感情表出などの練習を行っているところもある。また、NPOや地域人材の活用をして地域の子育てサークルで中学生や高校生が赤ちゃんと交流する機会を作り、非行化傾向が変化したり、子育て中の母親が子育ての見通しがもてたりしている。まさに予防である。

　子どもの問題につながる可能性のある貧困や孤立などが、全校生徒数の3分の1や半数という数字になるのであれば、さまざまな問題を未然に防止するためには、このような取り組みを全数把握できる学校全体で取り組むことが重要で、結果的に**予防機能**となるであろう。現在の問題の後追い施策だけでは児童虐待の減少1つとっても見通しが立たない。

③仲介機能

　すべての子ども家庭の3分の1が孤立や貧困など何らかの可能性があると考えると、決して一部の問題ではないが、援助を必要としている人が誰なのか見えにくくなっている現状がある。身近なちょっとした相談ができたり、経済的支援の制度を知ったりできる機会がすべての子ども家庭に提供される必要がある。そういった意味ですべての子どもにつながる学校において、身近に制度につながる、相談につながることは子ども家庭に最も負担が少ない方法であろう。つまり学校にSWを位置づけることで、全体的なさまざまな制度サービスがストックされ、地域資源に紹介されるなど仲介機能を果たせる可能性がある。

　さらに先述した教育と福祉の認識の違いがあるなか、双方を理解した教育現場にいる社会福祉の専門家が仲介することで、それぞれの機関の代弁や通訳することで、溝が小さくなり本来の協働が可能になる。またSSWerは、教員との認識の違いの存在を考慮しながら難しい家庭、問題意識のない家庭と学校のつなぎなおしに貢献している（赤尾・山野・厨子 2011）。

4. スクールソーシャルワークの現状と課題

　SSWの意義について述べてきたが、とにかくSSWerを配置すればいいということではない。枠組みの課題と内容の課題が生じている。枠組みとしては、おおむね予算の出し方が、国の補助金と合わせて多くの自治体は時間給で概算要求を出している。つまり児童相談所や福祉事務所のように事務所があるわけではなく、多くのSSWerは机があって記録ができる時間と場所が保障されているわけではない。この状況は、子ども家庭のみならず、さまざまな機関に訪問や電話、会議などによって働きかけるSWの特徴からかなり異例のスタイルと言わざるをえない。

　内容的にも、そもそも雇用する側も雇用される側もSSWerとはどのように動く職種なのか理解していないのが実態である。それを正していくところから始めなければならないが、ここまで含めて実践できる可能性のある福祉人材は、先述したように不足している。

　また児童相談所や福祉事務所にはSWのスーパーバイザー（以下、「SVr」とする）が上司として存在し、自身の動きを点検しながら個人の判断ではなく機関として責任をもって進めていくことになる。しかし現状では、この当然のことができない現状である。SVrの配置を文部科学省は推奨しているが、それでもこのSVrは所属機関にいるわけではなく、大学教員など外部者である。そうすると、活動したその日に活動を確認したりできる組織的対応にはなりにくい。

　現在、ようやく正規職員としてのSSWerを、アメリカ型で専門職チームとして配置した自治体も出現したが、どのようにこの本来あるべき組織機能をこの事業のなかにもたらすかが課題である。つまり教育委員会との協働は欠かせない。先に紹介したイリノイ州では、教育委員会に正職でSSWer職のSVrを複数名、配置している。

　以上、3で述べた教育と福祉の違いや現状を認識したうえで、全数把握

ができる学校においてSWを展開する意義を理解し、SSWerは子ども家庭のみならず教育委員会や学校、関係機関にどう働きかけるのか、教育委員会は何をどう段取りしたらいいのか、これらを明らかにする必要があると考える。

　つまりプログラムとして、教育委員会との協働のモデルとなること、SWのメゾ、マクロアプローチを明確に組み入れることを意識する必要があるであろう。

コラム 子どもをどう見るか──教育と福祉とをつなぐ

横浜市教育委員会東部学校教育事務所
指導主事室 室長　本田正道

「校長先生。校長先生はどうしていつもにこにこしているの。」
「そうだなぁ。みんなの顔を見ていると幸せになるからかな。」
「そんなことないよ。私の家では、私の顔を見ても誰も笑ってくれないもの。」

　私が、以前勤めていた小学校4年生の女子（A子）とたまたま通りかかった廊下での会話である。A子のことは、何回ものケース会議を積み重ねていた。次第にA子は、問題児と捉えられるようになってしまった。A子が心を開いているのは、児童支援専任（横浜市立小学校全校に配置されている担任をもたない教諭。以下、専任と記す）。専任は、教職員と根気強く話した。A子の現状をどのように見るかを。A子の困り感を周囲はどのように理解するのかを。A子をどう見ていくことが大事なのかを。

　関係機関が連携してハード面から支えることも大切。でも、ソフト面からの支えも大切だと考える。教育の世界でできること。子どもを肯定的に見ていくこと。長い時間がかかった。今、A子は、笑顔で過ごしている。

　横浜市では、このようなケース会議をSSWerではなく、専任が中心となって行う。27万人の児童生徒を預かる横浜市教育委員会には、12名の

SSWerがいる。当然、この人数では、直接支援は行えない。したがって、SSWerの活用については、各学校で直接支援を中心に行う専任を支援する間接支援を行っている。

　平成26年度よりSSWerの活用は方面事務所（市内東西南北4か所）に任された。現在、東部学校教育事務所には3名のSSWerがいるが、それぞれの専門性、個人の力量に頼っているのが現状である。そこで、地域の特性から、今までのSSWerの活用についての振り返りを山野研究室のプログラムを利用し、データに基づいて探った。子どもたちを取り巻く環境では、貧困と外国につながる背景が浮き彫りになり、同時にSSWerの活用と専任の育成、東部学校教育事務所の関わり方の課題が明確になってきている。今後、東部の特性を鑑み、一人でも幸せな子どもの笑顔を増やすため、より効果的な学校支援ができるよう努めていきたい。

第2章　スクールソーシャルワーク研究の動向

　この章では、アメリカや日本におけるスクールソーシャルワーク（以下、「SSW」とする）がどのように発展してきたのか、SSWにまつわるいかなる調査研究が行われてきたのかを紹介する。

1. スクールソーシャルワークの発展

1）アメリカのスクールソーシャルワーク

　教育現場において、スクールソーシャルワーカー（以下、「SSWer」とする）の配置が初めて行われたのはアメリカである。1906年から1907年の間に、ニューヨーク、ボストン、ハートフォード（Costin 1969b）、そしてシカゴ（McCullagh 2000）で実践が開始された。この当時のSSWerは訪問教員と呼ばれた。訪問教員は、セツルメントハウス、女性教育協会といった教育以外の機関によって雇用されていた（Constable 2009）。教育委員会による雇用が始まったのは1913年である（Dupper 2003）。訪問教員の導入の背景には、移民の子どもや貧困家庭の子どもに対する学習権の保障が十分なされていない状況があった（Allen-Meares 2007）。

　訪問教員制度を確立した各機関は、子どもが学校プログラムの恩恵を最大限受けるには、教員と家族との密接なコミュニケーションが必要であると認識し（Radin 1989）、訪問教員に学校と家庭をつなぐ役割を求めた

(Lide 1959)。訪問教員はその役割を担うことで貢献が認められ、1920年代までに多くの州で訪問教員が誕生した（Shaffer 2006）。

　しかしながら、訪問教員の役割は時代とともに変化する。1930年代に入り精神分析学の影響を強く受け（Radin 1989）、1950年代まで家庭と学校をつなぐ役割はソーシャルケースワークに変わった。訪問教員は困難を抱える子どもの診断・治療を行うようになった（Radin 1989）。訪問教員の専門職化の動きにしたがって、訪問教員という名称がSSWerに変わった（Hancock 1982；Agresta 2004）。

　1960年代以降、理論と実践との乖離が起こる。1960年代に入り、公民権運動の波が教育に押し寄せ、マイノリティの子どもや低所得者の若者への教育に関する論争が盛んになされた（Allen-Meares 2007）。SSWerには、多くの子どもを救うために学校変革が期待されたものの、ケースワーク中心の実践が続いた（Freeman 1995）。

　1970年代は、理論的にも実践的にも転換が求められた時期である。1960年代の人種間の対立についての分析から、マイノリティの子どもにおける教育の失敗が非難され、保護者と地域が教育に参加する必要性がいわれた（Allen-Meares 2007）。時代背景とシステム理論やエコロジカルアプローチの導入により、SSWerは学校、家族、地域を結びつけることで、子どもの問題を解決する方法を提案された（Gottilieb & Gottilieb 1971；Costin 1975；Gitterman 1977；Zeff 1977）。

　1980年代になると、周りの環境へアプローチする実践のなかでも、環境変革への実践が注目される。背景には、貧困、地域秩序の崩壊、薬物やアルコールの子どもへの普及といった、子どもを取り巻く危険な状態が存在した（Mash & Dozois 1996；Davis 1999）。こうしたなか、学校はメンタルヘルス提供者や他機関との新たなパートナーシップが求められ（Allen-Meares 2008）、「school-linked services」「school-based services」と呼ばれる学校を中心とした包括的な支援システム構築が肝要となった（Pennekamp 1992）。予防的視点への着目にしたがい、SSWerは環境の変革を目指す実

践の拡大が強調された（Hare 1994；Dupper & Evans 1996）。具体的には、①学内外の連携を構築する役割（Aguirre 1995；Franklin & Streeter 1995；Altshuler 1997；Franklin & Allen-Meares 1997）、②地域を活性化させ学校と結びつける役割（Germain 1991；Pennekamp 1992；Clancy 1995）である。

　しかしながら、1970年代以降のあらゆる実践アプローチの高まりとは対照的に、SSWerは1975年に成立した障害者教育法（P. L. 94-142）の影響を大きく受ける。結果、障害をもつ子どもへの社会史の作成（Chavkin 1985）、ケースワークサービスが必要とされるかを判定するアセスメント（Radin 1989）などに多くの時間を費やした。このことは、1970年代から1980年代にかけて主張された、SSWerによる子ども中心のエコロジカルアプローチの必要性（Staudt 1991；Allen-Meares 1994）、子どもを取り巻く環境における変革の重要性（Costin 1969a；Allen-Meares 1977；1994；Hare 1994；Dupper & Evans 1996）との間に溝を生み出したといえよう。

　2000年代に入り、学力問題に危機感をもつ政府が教育のさらなる徹底を志向したことで、SSWerには子どもの学力向上に関連のある実践が期待される。2002年の1人もおちこぼれを出さない法の制定（No Child Left Behind Act：NCLB法）、2004年の障害者教育法の改定（Individuals with Disabilities Education Improvement Act：IDEIA）により、障害をもつ子どもを含めた全児童生徒への教育の浸透が重要となった（Kelly, Frey et al. 2010）。2つの法律は、科学的根拠をもった介入を強調している（Rains 2004；Kelly, Frey et al. 2010）。具体的な介入プログラムとして、子どもの学力にかかわる問題に対する治療から予防までを踏まえたresponse to intervention（RTI）やpositive behavior support（PBS）などが開発された（Kelly, Berzin et al. 2010）。

　子どもの予防までを視野に入れた取り組みは、SSWerによる科学的根拠のある実践の拡大を推し進めた（Dupper 2003；Rains 2004；Frey & Dupper 2005；Staudt & Cherry et al. 2005）。それは、多くの子どもに影響を与える学校や地域へアプローチする予防的実践である（Bowen & Richman 2002；Anderson-Butcher & Ashton 2004；O'Brien, Berzin et al. 2011）。

一方、実践に目を向けると、教育現場で働くSSWerは予防的介入よりも個別カウンセリングやグループカウンセリングに多くの時間を費やしていることが実態調査から明らかとなり（Kelly, Berzin et al. 2010）、理論と実践との乖離が続いていると推察される。しかしながら、同様の調査からSSWerの80％以上が予防的介入に費やす時間と理想とする時間との間のギャップを感じていることから、実践の転換に向けた意識が芽生えているといえよう。

2）日本のスクールソーシャルワーク

　わが国において、アメリカのSSWが紹介されたのはいつなのであろうか。SSWを日本に導入するための試論が、1950年代以降に発表されている（寺本 1953；竹内 1955；内田 1957；1958；岡村 1963；上田 1965；村上 1969；1970）。SSWは学校社会事業として紹介され、学習活動を担当する教員によってはあたえることができないような援助、すなわち教員とは異なる立場からの特殊な社会福祉的援助をあたえることが特色とされた（岡村 1963）。実践としては、1950年に高知県で福祉教員が配置された（大崎 2009）。長欠・不就学問題の対策に導入され、主に家庭訪問を通じた出席督励を行った（倉石 2005；2007）。

　その後、同様の取り組みが千葉、栃木、静岡、奈良、愛媛、福岡などの各県で実施された（岡村 1963）。福祉教員の他にもSSWの前身といわれる実践が存在する。大阪あいりん地区のケースワーカーによる取り組みである（阪倉 2002）。ケースワーカーは、貧困や親の無理解による不就学児の入学・転学・通学にかかわる相談を行った（阪倉 2002）。

　1950年代以降、福祉教員やケースワーカーという名称でのSSW実践が行われてきたが、SSWerという肩書きでの活動は、1986年になってからである。埼玉県所沢市において、1986年から1998年まで正式的な制度ではないものの、SSW実践が行われた（山下 1998；2006）。SSWerは校内暴力や不登校といった問題の深刻化に伴って配置され、家庭訪問を中心とす

る活動を実施した（山下 1998）。

2000年代に入り、複数自治体でSSW事業が着手されることになる。兵庫県赤穂市、茨城県結城市、大阪府などにおいてSSWerが配置され、これらの自治体による取り組みは行政による先駆的なSSW活動として位置づけられている。教育行政によるSSWという名称を用いた事業展開が、2000年代になってようやく開始されたのである。

各地域でのSSWへの着目と同時に、国もSSWへの関心をもつ。文部科学省は、深刻化する児童虐待問題、不登校に対して調査研究会議の発足や対策事業の立ち上げをし、そのなかでSSWを紹介し各自治体に活用を推進した（山野 2009b）。こうした経緯から、2008年度SSWer活用事業の全国展開が始まった。SSWer活用事業では、保護者、教職員、関係機関への介入により、子どもの課題解決を図ることが記されている（文部科学省 2008a）。

各自治体や国の事業化を受けてSSW実践の課題や提言が多く行われている。要約すると、①SSWの有効性の可視化（門田 2002；2007；鈴木 2007；山野 2010）、②スクールカウンセラーとの違いの明確化（比嘉 2000；大崎 2005；秋山 2009）、③貧困や児童虐待などの問題に対するアプローチ法の提示（小川 2003；野田 2006；岩田 2009；大塚 2011；山下 2011）、④校内体制を整える実践の必要性（山野 2006；金澤 2007；鵜飼 2008；西野 2012）、⑤学校と関係機関との連携への貢献（山野 2010；大塚 2011；山下 2011）、⑥実践を支えるマクロ実践の可視化（山野 2010；厨子・山野 2013）である。

2. スクールソーシャルワークに関する調査研究

1）実践内容に焦点をあてた研究

SSW実践内容に焦点をあてた研究は、①重要とされる実践に関する調査（Costin 1969a；Alderson & Krishef 1973；Allen-Meares 1977；1994）、②実践

の頻度にかかわる調査（Chavkin 1985；Lee 1987；Allen-Meares 1994；Kelly 2008；堀井 2010；Kelly, Berzin et al. 2010）という形で行われてきた。

　これらの調査研究における主な目的は、「重要な実践とは何か」「頻度の高い実践はどれか」である。重要な実践、頻度の高い実践の上位3項目をまとめたものが、表2-1である。アメリカでは、一部の研究結果を除き（Alderson & Krishef 1973）、SSWerは子どもやその親へのケースワークやカウンセリングが中心的業務となっている。

　実践に変化がないように思われるが、調査を重ねるごとに新たな発見も見出されている。Allen-Meares（1994）やChavkin（1985）の調査では、Costin（1969a）の調査に比べて、教員や地域への実践の増加を明らかにしている。なかでも、教員への実践がCostin（1969a）では拒否的であったが、後の調査において重要度、頻度とも増加している。さらに、Allen-Meares（1994）の調査では、SSWerが行いたい業務に、教員に対する新たなスキル獲得のサポート、多くの子どもを対象としたプログラムへの関与などの予防的活動を挙げており、このことはKelly, Berzin et al.（2010）の調査からも明確になっている。予防的実践の着目にしたがい、学校や地域へのサポートが以前に増して望まれているといえよう。

　わが国において数自体は少ないものの、実践内容に関する研究が発表されている（堀井 2010）。子どもや保護者への援助に加えて、教員に対する実践が上位項目となっていることが特徴といえる。

2）実践とその効果に焦点をあてた研究

　SSW実践とその効果に関する調査研究をみていく。効果研究は、SSW領域の長年の課題とされてきた（Kurtz 1987；Brown 1991；Franklin 1999）。指摘している年代を考慮すると、2000年代になって研究が増加していったと考えられる。先に述べてきたSSW実践の内容、SSW実践の先行変数における研究よりも後に出てきた研究グループといえる。数名の研究者によって効果研究の体系的な整理が行われている（Early & Vonk 2001；Staudt,

表2-1 スクールソーシャルワーク実践の内容に関する調査

著者（年）	主な目的	サンプル	重要な実践・実践の頻度（上位3項目）
アメリカ			
Costin (1969a)	重要な実践	SSWer (n=238)	①子どもや親へのケースワークサービス ②取り扱うケース数のマネジメント ③SSWサービスの説明
Alderson & Krishef (1973)	重要な実践	SSWer (n=207)	①SSWサービスの説明 ②リーダーシップと政策立案 ③取り扱うケース数のマネジメント
Allen-Meares (1977)	重要な実践	SSWer (n=269)	①子どもの問題の他者への明確化 ②サービス提供に向けた事前業務 ③子どもの問題のアセスメント
Lambert & Mullaly (1982)	重要な実践 頻度の高い実践	SSWer (n=82)	①サービス提供に向けた事前業務 ②子どもの親との活動 ③子どもへの直接サービス
Chavkin (1985)	頻度の高い実践	SSWer (n=140)	①個人の生徒への直接サービス ②個人の生徒に関する教員へのコンサルテーション ③家族への直接サービス
Lee (1987)	実践の頻度	SSWer (n=82)	①ケースのインテーク ②障害が疑われる子どもの診断活動 ③アセスメント活動
Allen-Meares (1994)	重要な実践 頻度の高い実践	SSWer (n=860)	①管理的・専門的業務 ②家庭と学校との連携 ③子どもへの教育に関するカウンセリング
Kelly (2008)	頻度の高い実践	SSWer (n=820)	①個別カウンセリング ②グループカウンセリング ③教室でのグループワーク
Kelly, Berzin et al. (2010)	頻度の高い実践	SSWer (n=1639)	①個別カウンセリング ②グループカウンセリング ③家族に向けた実践
日本			
堀井 (2010)	頻度の高い実践	教育委員会 (n=197)	①教職員からの相談・援助 ②保護者からの相談・援助 ③子どもからの相談・援助

注1：Lambert & Mullaly（1982），Allen-Meares（1994）の調査では，重要な実践と頻度の高い実践の上位3項目が一致している
出所：筆者作成

Cherry et al. 2005；Franklin, Kim et al. 2009）。

　ここでは、効果研究に関するメタ分析を行ったFranklin, Kim et al.（2009）の研究を取り上げる。Franklin, Kim et al.（2009）の研究は、効果研究をまとめた最新の研究であり、過去の研究で整理されてきた文献をカバーして

表2-2 スクールソーシャルワーク実践とその効果に関する研究

著者（年）	介入の種類	サンプル	効果の測定尺度
外在化された問題への効果			
Franklin et al. (2008)	解決志向の短期治療	n＝67	子どもの行動チェックリスト
Hepler & Rose (1988)	ソーシャルスキルを改良するグループ	n＝40	ロールプレイテスト
Tolson & McDonald (1992)	仲間による調停プログラム	n＝52	対人関係の問題に関する相談
内在化された問題への効果			
Dupper (1998)	グループ介入	n＝84	N-SLCS
Franklin et al. (2008)	解決志向の短期治療	n＝54	子どもの行動チェックリスト 子どもの自己報告 教員の自己報告
Harris & Franklin (2003)	課題中心・認知行動に関するグループワーク	n＝73	若者の問題経験の克服
学問上の問題への効果：知識と学習			
Arnold et al. (1999)	PSIカリキュラム	n＝1450	セクシャリティに関する知識，信念，態度
Dhooper & Schneider (1995)	子ども虐待に関する生徒の気づきを高めるプログラム	n＝796	子ども虐待についての質問紙
学問上の問題への効果：出席			
Viggiani et al. (2002)	ソーシャルワーカーと教員との協働モデル	n＝76	欠席数
学問上の問題への効果：GPAと履修単位			
Franklin et al. (2007)	解決志向の短期治療に基づくカリキュラム	n＝85	履修単位
Harris & Franklin (2003)	課題中心・認知行動に関するグループワーク	n＝73	GPA

注1：Dupper (1998) が用いた効果の測定尺度は，Nowicki-Strickland locus of control scaleであり，表中では略称で表記している。
出所：Franklin, Kim et al. (2009) より作成

いる。

　Franklin, Kim et al.（2009）は、いくつかの文献検索データベースを用いてSSW効果を明らかにしている文献を抽出した。また、そのなかで実験調査、準実験調査のいずれかが実施されている文献を選定した。最終的に21文献が残され、メタ分析が行われた。

各文献において明確にされた効果は、外在化された問題への効果、内在化された問題への効果、知識と学習に関する効果、出席に関する効果、GPAと履修単位に関する効果の5つに分類されている。表2-2は、メタ分析により効果が認められた研究を示している。
　研究の特徴として、以下が挙げられる。第1に、介入方法として子どもへのグループカウンセリングと個別カウンセリングが多くを占めていることである。このことは、メタ分析のために抽出された全21文献のなかで、グループカウンセリング43％、個別カウンセリング19％であったことからもわかる。第2に、子どもへの効果に焦点をあてていることである。子ども以外の効果を測定したと考えられる研究として、内在化された問題への効果に挙げたFranklin et al.（2008）の研究における教員の報告が挙げられる。しかし、これは教員からみた子どもの評価であり教員の効果を測定したものではない。
　以上、アメリカの研究を紹介してきたが、わが国でも量的調査によりSSW実践とその効果との関係が明確にされてきたのだろうか。奥村（2009）の研究が挙げられる。奥村（2009）は、シングル・システム・デザインを用いて不登校児童生徒の状況改善に向けたSSWerの家族支援の有効性の明確化を目的としている。SSWerは、アドボカシー活動、グループワーク、サービス調整を支援方法とした。SSWerが児童生徒の父親の関係機関等に対する心境変化や行動変容、学校・支援機関の父親評価の変化への働きかけから、児童の欠席日数の減少や母親の支援体制確立という効果を生み出した。

第2部
効果的プログラムモデルの開発

第3章 プログラム理論：効果的なスクールソーシャルワーク事業プログラムの作成——仮モデル

　この章では、全国レベルで先進している地域でスクールソーシャルワーク（以下、「SSW」とする）を展開している教育委員会担当者とスクールソーシャルワーカー（以下、「SSWer」とする）の「優れた実践」に着目して作成したプログラムの仮モデルについて述べる。

1. 研究方法

　われわれは、SSW実践内容を明確化、モデル化するために、2010年度「優れたSSW実践」に着目し、インタビュー調査（グッドプラクティス調査）を実施した。インタビュー調査の対象には、2008年度文部科学省がSSWer活用事業を行う前から、SSW事業を行いSSW実践経験が長い地域（全国レベル）を中心に、文部科学省が説明に挙げたスクールソーシャルワークの連携に関するプログラムや特徴的、効果的な手法を実践している自治体を選んだ。インタビュー調査に協力をしていただいたのは、連携に関するプログラムとして、家庭児童相談室との連携、コミュニティソーシャルワーカーとの連携、家庭教育支援員との連携を行う3自治体と、グループワーク、ケース会議、非行支援といった特徴的、効果的手法を実践している3自治体、計6自治体教育委員会担当者7名とSSWer15名、家庭児童相談員2名で個別インタビューやグループインタビューを行った。イ

ンタビュー調査は2010年8月から2011年8月までに13回行った。調査を行うにあたり、インタビューガイドを作成し、半構造的インタビューを実施した。インタビューの内容は、教育委員会担当者に対して、SSW事業化のために行ってきたことやSSW定着のために何をしているかなど教育委員会として実践していること、そして、SSWerの導入による変化についての内容とした。SSWerと家庭児童相談員については、事例への具体的な対応や連携のプロセスについてインタビューを行った。なお、インタビュー調査（グッドプラクティス調査）は、所属大学の研究倫理委員会の承認を得ている。調査実施に当たり、研究の趣旨、結果の活用や報告、プライバシーの保護についての配慮を説明し、録音機器やメモの使用許可を得て行っている。

　インタビュー調査の分析については、序章でも記述しているように、プログラム評価の理論（Rossiほか 2004）を援用した。まず、すべてのインタビューを文字に起こし、そのデータをこの領域に詳しい研究者、SSWer、教員で構成する研究メンバーで検討し、SSWer実践によって起こりうる期待すべき最終ゴールを「全体の子どものQOLの向上」と定めた。そして、最終ゴールに向かってSSWerが実践していくことでもたらされる効果（アウトカム）について検討を行い、比較的早く達成できる近位アウトカムから達成に時間がかかる遠位アウトカムとしての最終ゴールまでの流れを明確化した。次に、インタビューの内容から重要なステークホルダーとして「教育委員会」「学校組織」「関係機関」「子ども・保護者」を抽出した。そして、プログラム評価の理論に基づき、KJ法的に連携や特徴的・効果的手法のそれぞれのプログラムの確立するプロセスに、よりよい効果をもたらす具体的なプログラム要素である「効果的プログラム要素（効果的援助要素）」（道明・大島 2011）をそれぞれのステークホルダーごとに抽出し、プロセス順に模造紙にプロットした。

　そして、アウトカムや効果的援助要素について、研究メンバーと10回見直しを行った。さらに、調査対象とは異なるSSW事業先進地の教育委

図3-1　効果的なスクールソーシャルワーク事業プログラム（仮モデル）：インパクト理論

SSW活用プログラム
（学校と関係機関）つながりの変化
（教師）子ども・家庭への認識変化
（子ども・家庭）状況変化
（教師）協働に対する認識変化
（教師）学校教育に生かせる専門性理解
（SSWer·他専門職）学校教育に生かせる専門性向上
（学校）問題行動の早期発見・早期対応
全体の子どものQOLの向上
（学校）　情報共有システムの構築
（SSWer）　教師との対等感の獲得
（教師）ストレス減少、安心感増加
（地域）市区町村の連携システムの円滑化

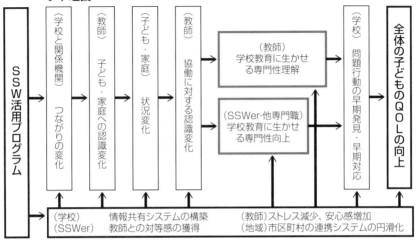

出所：山野ほか（2012a）

図3-2　効果的なスクールソーシャルワーク事業プログラム（仮モデル）：プロセス理論（組織計画）

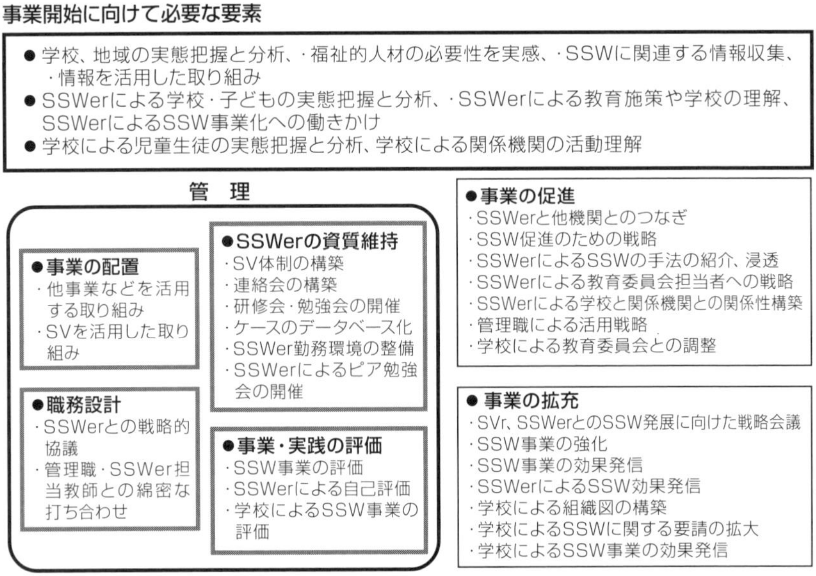

事業開始に向けて必要な要素
● 学校、地域の実態把握と分析、·福祉的人材の必要性を実感、·SSWに関連する情報収集、·情報を活用した取り組み
● SSWerによる学校·子どもの実態把握と分析、·SSWerによる教育施策や学校の理解、SSWerによるSSW事業化への働きかけ
● 学校による児童生徒の実態把握と分析、学校による関係機関の活動理解
管　理
●事業の配置
·他事業などを活用する取り組み
·SVを活用した取り組み
●職務設計
·SSWerとの戦略的協議
·管理職·SSWer担当教師との綿密な打ち合わせ
●SSWerの資質維持
·SV体制の構築
·連絡会の構築
·研修会·勉強会の開催
·ケースのデータベース化
·SSWer勤務環境の整備
·SSWerによるピア勉強会の開催
●事業·実践の評価
·SSW事業の評価
·SSWerによる自己評価
·学校によるSSW事業の評価
●事業の促進
·SSWerと他機関とのつなぎ
·SSW促進のための戦略
·SSWerによるSSWの手法の紹介、浸透
·SSWerによる教育委員会担当者への戦略
·SSWerによる学校と関係機関との関係性構築
·管理職による活用戦略
·学校による教育委員会との調整
● 事業の拡充
·SVr、SSWerとのSSW発展に向けた戦略会議
·SSW事業の強化
·SSW事業の効果発信
·SSWerによるSSW効果発信
·学校による組織図の構築
·学校によるSSWに関する要請の拡大
·学校によるSSW事業の効果発信

出所：山野ほか（2012a）

図3-3 効果的なスクールソーシャルワーク事業プログラム（仮モデル）：プロセス理論（サービス利用計画）

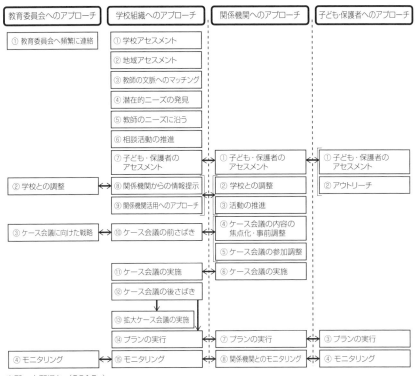

出所：山野ほか（2012a）

員会とSSWer、さらに、2011年には評価研究に関する専門家の参加を得て、プログラムの見直しを行った。その後もこのメンバーに個別に随時、確認を行った。そして、「教育委員会担当者はSSWerを機能させるためにどう事業化し、SSWerはどのように動くか」というトータルプログラムモデルとして、効果的なSSW事業プログラムの仮モデルを作成した。

　作成したSSW事業プログラムは、SSWerが実践することによってもたらされる一連の効果（アウトカム）の因果関係の流れを示したインパクト理論と援助のプロセスであるプロセス理論の2つの理論からなる。プロセス理論は、事業主体である教育委員会担当者が担う人的、財政的、物理的

資源の準備や活動を示す「組織計画」と、SSWerによる実践プロセスが示す「サービス利用計画」からなる。この章では、作成したSSW事業プログラムのインパクト理論（図3-1）とプロセス理論「組織計画」（図3-2）、「サービス利用計画」（図3-3）の仮モデルを提示する。

　プログラム評価では、プログラムに関わる利害関係者（ここでは、ステークホルダーとしている）が共有しながら、それぞれを少しずつでも改善するための試みを行うことが方向づけられている。そのため、この仮モデルを作成したのちにステークホルダーである実践家と議論を重ね、プログラムを2回改訂している。ゆえに、混乱のないよう、インパクト理論および「組織計画」「サービス計画」の効果的援助要素や語句の説明については、最終改訂版の完成モデルを使って、第7章で説明する。本章では図（図3-1～3-3）と大筋のみ記載する。

2. インパクト理論

　先述の過程を経て作成したプログラム理論にあたる仮モデルでは、SSWerの実践によって起こる最終ゴールを「子どものQOLの向上」と定め、ゴールに向かう効果（アウトカム）について分析を行った結果、SSW事業プログラムにおけるインパクト理論（図3-1）が明らかとなった。インパクト理論では、比較的早く達成できる近位アウトカム「（学校と関係機関）つながりの変化」から、達成に時間がかかる遠位アウトカム「全体の子どものQOLの向上」までの流れを示している。さらに、それぞれのアウトカムにSSWerの「教員との対等感の獲得」や学校の「情報共有システムの構築」、教員の「ストレス減少、安心感増加」、地域の「市区町村の連携システムの円滑化」が影響を与え、より効果的なアウトカムをひき起こすことを明らかにした。

　また、インパクト理論において効果（アウトカム）が生じる主体はそれ

ぞれ違っていた。インパクト理論図では各項目のアウトカムが生じる主体を（　）で表記している。それぞれのアウトカムの主体は、「子ども」「家庭」「教員」「学校」「SSWer」「他専門職」「関係機関」であり、ステークホルダーに限らず様々なところに影響をもたらす「教育委員会」は、主体とはならない存在であることが明らかになったが、「教育委員会」は後述する組織計画の実施者であり、変化をもたらす主体である。

　SSW事業プログラムによるインパクト理論を明確にしたことは、学校においてソーシャルワーク（以下、「SW」とする）実践をする意義や独自性を示すことになる。

3. プロセス理論

1）組織計画

　「組織計画」には、「教育委員会」「SSWer」「学校組織」の3つのステークホルダーが存在する。インパクト理論に示した効果（アウトカム）をもたらす、SSWを事業化するためには、「教育委員会」「SSWer」「学校組織」の3つを視野に入れたアプローチを行い、「事業の開始に向けて必要な要素」「管理」「事業の促進」「事業の拡充」の4つの領域に、行動する（具体的な効果的援助要素を実施する）必要のあることを示した（図3-2）。

2）サービス利用計画

　SSWerがゴール（インパクト）を達成するために、どこにどのように働きかけるのか、プロセスに基づいて捉えた。SSWerによるアプローチは、「教育委員会へのアプローチ」「学校組織へのアプローチ」「関係機関へのアプローチ」「子ども・保護者へのアプローチ」の4つである。それぞれのアプローチは上段の項目から下段の項目へと実施していくことで効果的な実践が行えるように効果的援助要素の項目をまとめた（図3-3）。

コラム 包括的SSW事業マニュアルに期待する思い
―― 熊本県義務教育スクールソーシャルワーカーの立場から

熊本県教育委員会スクールソーシャルワーカー　守田典子

　熊本県では、2008年の文部科学省による「SSWer活用事業」より数十年以前に、ソーシャルワーク研究者と実践家による先駆的な、学校におけるソーシャルワーク実践が特定の学校で行われていた素地が地域としてありました。そしていくつかの取り組みの流れと時代的課題を受けて、県下では、2007年に2教育事務所に精神保健福祉士が配置される形でSSW事業がスタートしています。上記の先駆的実践家と熊本県精神保健福祉士協会、熊本日日新聞社記者（1990年代半ばより教育問題についてSSWの重要性と必要性訴えた方）が、本事業の課題の整理、スーパービジョン、県教育委員会への状況報告を行ったことで、2008年からの実施の下地が形成されました。そのため、2008年の事業開始当初より、SSWer募集資格として社会福祉士及び精神保健福祉士資格とソーシャルワーカーとしての職務経験者という規定が採用され、この年にSSW研修会として県社会福祉士会及び県精神保健福祉士協会が共催で大会を開催、その後両職能団体で「熊本県スクールソーシャルワーカー連絡会」が立ち上げられるなどして、SSWerの福祉相談専門職としての質が確保されてきたという特色があります。

　しかしながら、それでも、学校分野が未経験あるいは経験の浅いソーシャルワーカーは、現場でのさまざまな場面で"スクール"ソーシャルワーカーとしてどうあるべきか、誰もが悩みをもつものです。学校や子どもに

関する専門的な知識や、その社会資源の情報、そして子どもが抱える課題やニーズ、その環境の問題状況などをどのように捉えられるかということが、フィールド（職業的分野）としてまず求められます。しかしこのような職業的能力（コンピテンス）は、子どもを対象とする相談分野であれば誰しも求められる点と言えるでしょう。そこで強く意識するのは、二義的な社会福祉分野としてのSSWです。例えば一義的な子ども家庭福祉分野の児童相談所等の行政のソーシャルワークと違って、法律に直結する権限は何もありません。子どもが学校生活において支障をきたす、学校が「学校で対応できる範疇ではない」と感じたりするような状況において、介入を求められるのがSSWです。学校との連携・協働が基盤にあります。何より、設置主体である自治体や運営主体である教育委員会との連携・協働が存在基盤となっているわけです。日々の実践において、どこに視点をもっていくか、誰に何を伝えていくか、限られた時間のなかで意図的に展開をさせていく能力が、SSWには求められるように思います。

　北米のソーシャルワーク養成大学・大学院ではcompetency based social work として、ワーカーが身につける必要のある職業的能力を意図した専門教育の体系化があります。そこで何が能力とされているかというと、例えば知識、技術（skills）、判断です。「効果的なスクールソーシャルワーカー配置プログラム」による本マニュアルでは、SSW事業としての全般的な青写真（プログラム・デザイン）のもと、事業に期待する効果と関係する実践枠組みがあり、さらに行動指標として活動内容が項目化されています。行動指標として具体化されたマニュアルは、SSW実践の実際を知識化することに役立ち、専門的な技術の発揮の前提として、あるいは援助実践の展開の判断を支援するものではないかと思います。

　またSSW事業は、前述の通り、単独での相談支援のみを充実させても、例えばその目標や効果を学校や教育委員会と共有したり、協働の体制が発展しなければ、存在基盤が足元からすくわれかねない脆さが制度的にあります。しかし、そもそも本来的には、学齢期の子どもたちの福祉を学校

ベースで支援していくSSWが目指すものは、学校教育関係者が福祉的視点を内包して、目標として意識すべきものかと思います。このSSW事業の設置主体の運営的内容は、SSWerの実践内容（「サービス利用計画」）と同等の「組織計画」となっており、二本柱のマニュアルとして、事業が意図する効果についても共通に認識できるものであり、SSW事業の包括性を具体化しているマニュアルとして信頼感をもって期待しているところです。

第4章　全国調査によるプログラムの検証

　第3章では、実践家(教育委員会担当者とスクールソーシャルワーカー[以下、「SSWer」とする])へのインタビューから作成した仮モデルとしてのプログラム理論である、「効果的なスクールソーシャルワーク(以下、「SSW」とする)事業プログラム」の全容を示した。そして、本章では、全国レベルで見たときに、このプログラムにおける実践がどれくらい行われているのかを把握する。さらに、実際にわれわれが作成したプログラム理論が実証できるかどうか、つまり、作成してきた教育委員会担当者とSSWerそれぞれのプロセス理論を実行することで、ゴール設定したインパクト理論につながることを示す。

1. 研究方法

　ここでは、上記目的のために実施した全国調査の方法について述べる。

1) 調査項目

　全国調査では、教育委員会担当者とSSWerのプロセス理論における、プログラム項目の効果的援助要素とインパクト理論を構成するアウトカムを質問項目とした。
　教育委員会のアプローチには、第3章で示したように、われわれの作成

したグッドプラクティス調査から得られた結果として、①事業開始に向けて必要な要素、②事業の配置、③職務設計、④SSWerの資質維持、⑤事業・実践の評価、⑥事業の促進、⑦事業の拡充、の7つのプロセスが存在する。SSWerのアプローチには、①学校組織、②教育委員会、③関係機関、④子ども・保護者という4つのステークホルダーが存在する。これらの下位にある項目が「プログラム項目」であり、プログラム項目は複数の質問項目（効果的援助要素）で構成されている。

すでに第3章で詳述したように、プログラム項目および質問項目の作成にあたっては、教育委員会担当者とSSWerを含む研究チームにおいて内容検討と修正を繰り返し、内容的妥当性を担保している（山野ほか 2013a）。具体的なプロセス／ステークホルダー、プログラム項目の内容は第3章に示し、質問項目（効果的援助要素）は章末に示す（Apendix 1 〜 3）。

なお、質問項目は効果的援助要素、アウトカム項目ともにそのまま用いているため、具体的な活動について「……している」という文章であり、これに対する回答は、「あてはまる」「どちらかといえばあてはまる」「どちらともいえない」「どちらかといえばあてはまらない」「あてはまらない」の5つから選択してもらった。選択肢にはそれぞれ5点、4点、3点、2点、1点を与え、これら複数の質問項目の得点の平均を算出することで、プログラム項目の得点としている。調査データの分析に用いた統計ソフトは、IBM SPSS Statistics Base 20であった。以下、プログラム項目の点数と統計分析の結果を示していく。今までまとめてきた論文、報告書を改訂して記述する（山野ほか 2013a；横井・酒井ほか 2013；駒田・山野 2014）。

2）調査対象とデータ収集

この調査は、2012年時点で文部科学省補助事業および各自治体独自予算でSSWer活用事業を実施していた155自治体（都道府県、政令市、中核市、市区町村）の教育委員会担当者とSSWerを対象に、2012年2月から5月にかけて実施した。具体的には、各自治体の教育委員会担当者宛に、教育委

員会担当者用とSSWer用の調査票を郵送あるいは直接配布した。SSWer用の調査票は各教育委員会担当者を通じてSSWerに配布してもらうよう依頼した。回収は、回答者から郵送または電子メールにて返送してもらう形をとった。なお、本調査は所属大学における研究倫理委員会の審査を受けた。

　回収された調査票は、教育委員会用が108票（回収率69.7％）、SSWer用が372票であった。SSWer用の調査票は、155自治体中90自治体のSSWerから回収したが、各自治体所属のSSWer数が不明のため教育委員会用とともに複数票送付しており、したがって回収率が不明である（山野ほか2013a）。

　以下、調査から明らかになった教育委員会担当者の実態、SSWerの実態、さらにそれぞれの動きと効果（アウトカム）との関連を順に述べる。

2. 全国の教育委員会の実態

1）回答者の構成、自治体の特徴

　まずは、回答者である教育委員会担当者の構成を見ておく。

　教育委員会担当者は、108名のうち男性が54名（50.0％）、女性が36名（33.3％）、回答なしが18名（16.7％）であった。年齢は、20代が2名（2.4％）、30代が12名（14.1％）、40代が39名（45.9％）、50代が19名（22.4％）、60代が11名（12.9％）、70代が2名（2.4％）であった。年齢・性別とも、今回の調査への回答者に大きな偏りはないことがわかる。

　ここからは、回答者を教育委員会担当者個人ではなく回答自治体として捉え、SSWerの配置形態（図4-1）別、スーパービジョン（以下、「SV」とする）体制の有無（図4-2）からみた自治体数の構成を確認する。

　まず、この調査における配置形態は次のように定義している。

図4-1 SSWerの配置形態

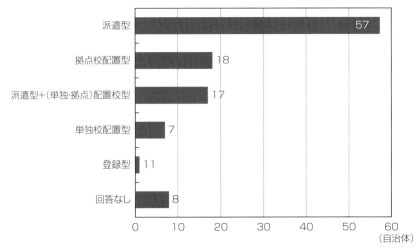

出所：山野ほか（2013a）

　単独校配置型：教育委員会（あるいは教育事務所）から特定の学校に配置される。
　拠点校配置型：教育委員会（あるいは教育事務所）から特定の学校に配置され、そこを拠点としながら必要に応じて配置校以外の複数の学校も併せて担当する。
　派遣型：教育委員会（あるいは教育事務所）に所属しており、必要時に学校へ派遣される。
　派遣型＋（単独・拠点）配置校型：教育委員会（あるいは教育事務所）が派遣型・配置型の両形態をとってスクールソーシャルワーク（以下、「SSW」とする）活動を実施する。
　登録型：教育委員会（あるいは教育事務所等）が福祉系職能団体等の協力を得るなどしてSSWerの登録を行い、教育委員会（あるいは教育事務所）の派遣要請を受けて活動する。

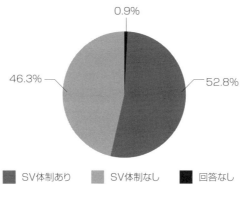

図4-2 SV体制の有無

出所：筆者ら作成

　回答自治体の半数ほど、57自治体が派遣型の形態をとっており、派遣型と配置型とを兼ねているのは17自治体、拠点校配置型はほぼ同数の18自治体である一方、単独校配置型は7自治体とかなり少ない。限られた財源のなかで自治体下にある数多くの学校の問題に対応しなければならない事情から、1人のSSWerが複数の学校を受け持つような形態が採用されていると考えられる。

　では、そのようなSSWerに対するSV体制は整っているのであろうか。SV体制の有無別にみた自治体数は図4-2の通りである。

　SV体制があると回答した自治体は108自治体のうち57自治体（52.8%）と、半数をやや上回った。これらの自治体におけるスーパーバイザー（以下、「SVr」とする）の資格などは次のようになった（図4-3）。

　SVrの資格や特徴に当てはまるものをすべて選択してもらったところ、社会福祉士と大学教員が同数で28自治体（49.1%）、SSW経験者が19自治体（33.3%）であった。臨床心理士は13自治体（22.8%）、精神保健福祉士は12自治体（21.1%）と続いていた。SV体制の有無による実践の差については、1節3）にて示す。

　次に、SSW実践を検討するために、自治体の基本的な特徴について、

図4-3 SVの資格など

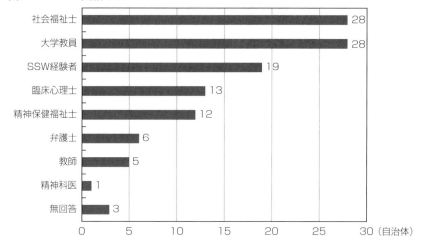

出所：山野ほか（2013a）

図4-4 自治体におけるSSWer活用事業が当面目指す目標に近いもの

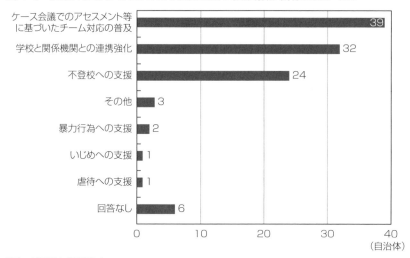

出所：山野ほか（2013a）

図4-5　自治体におけるSSWer活用事業を進めるうえで最も困難と感じられることに近いもの

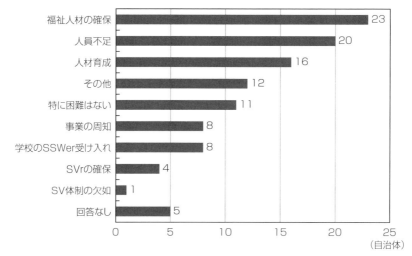

出所：山野ほか（2013a）

「自治体におけるSSW事業が当面目指す目標に近いもの」（図4-4）、「自治体におけるSSW事業を進めるうえで、最も困難と感じられることに近いもの」（図4-5）を選択肢から1つだけ選ぶ形で回答してもらった。

「自治体におけるSSW事業が当面目指す目標に近いもの」は「ケース会議でのアセスメント等に基づいたチーム対応の普及」が39自治体（36.1％）、次いで「学校と関係機関との連携強化」が32自治体（29.6％）、「不登校への支援」が24自治体（22.2％）であった。これら3つの合計で87.9％となり、回答のほとんどを占めている。また、上位2つの回答がスタッフ間や機関間の連携に関するものであることは興味深い。さらに、子どもへの支援は先に述べた通り「不登校への支援」が24自治体（22.2％）で第3位に上がっており、他、「暴力行為への支援」「いじめへの支援」「虐待への支援」はいずれも1～2（1～3％前後）にとどまった。多くの自治体にとって、子どもの不登校の問題が大きくのしかかっていることが推測される。

一方、「自治体におけるSSW事業を進めるうえで、最も困難と感じられることに近いもの」は、「福祉人材の確保」が最も多く23自治体（21.3％）、次いで「人員不足」が20自治体（18.5％）、「人材育成」が16自治体（14.8％）と、人材の質と量に関する問題を困難と感じている自治体が多く見られた。これは2012年当時のデータであるが、2014年、子どもの貧困対策の基本方針の1つとしてSSWerの大幅増員が打ち出された今（文部科学省 2014c）、これから数年間の間にこの人材にまつわる問題がどのように克服されていくのか、注目が集まる。

2）教育委員会担当者によるプログラム実施状況

　ここでは、教育委員会担当者が回答したプログラム項目の平均得点（プログラム実施度）を見ていきたい。繰り返しになるが、教育委員会のアプローチは、①事業開始に向けて必要な要素、②事業の配置、③職務設計、④SSWerの資質維持、⑤事業・実践の評価、⑥事業の促進、⑦事業の拡充、の7つのプロセスから成っているとわれわれは考えている。これらの7つのプロセスのなかにそれぞれ1つあるいは複数のプログラム項目があり、その下位に質問項目（効果的援助要素）が含まれている。各プログラム項目の得点は1〜5点の幅をもつ。

　右の図4-6では、それぞれのプログラム項目について108名の回答者の平均得点を算出し、プロセスごとに点数の高い順に並べている。また、得点のばらつきを確認するため、各プログラム項目の標準偏差も示した。

　全体を通して、平均得点が4.0点を超えてよく実施されていると考えられるプログラム項目は、「福祉的人材の必要性を実感」「SSWerとの戦略的会議」の2つであった。前者の「福祉的人材の必要性を実感」は4.64点とかなり高く、自治体の基本的な特徴として先に示した、「自治体におけるSSW事業を進めるうえで、最も困難と感じられることに近いもの」として人材の質や量に関する回答が半数以上を占めていたことから裏付けられる。「SSWerとの戦略的会議」は4.04点であり、SSWerの職務設計を行う

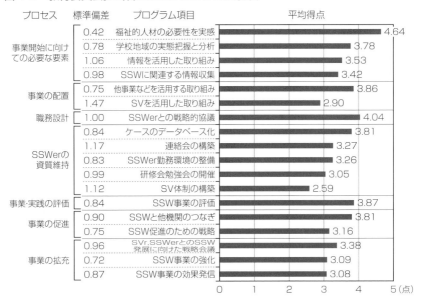

図4-6 教育委員会担当者によるプログラム実施度

出所:駒田・山野(2014)を一部改変

うえで十分に話し合いをもっていることがわかる。

　一方で平均得点が3.0点未満であまり実施が進んでいないと思われる項目は「SVを活用した取り組み」「SV体制の構築」の2つであった。先述したようにSV体制をとっている自治体が108自治体のうち57自治体（52.8％）であったことからも、このプログラム実施度が高くないことが推測できる。

　プログラム実施度をプロセスごとに見ていく。

A　「事業開始に向けての必要な要素」では得点の高い順に、「福祉的人材の必要性を実感」(4.64点)、「学校地域の実態把握と分析」(3.78点)、「情報を活用した取り組み」(3.53点)、「SSWに関連する情報収集」(3.42点)であった。事業開始に向けて準備を行うプロセスであるが、

福祉的視点をもつ人材が事業に必要であることへの認識がかなり高く標準偏差が0.42点とばらつきも少ないことから、多くの自治体において認識が高いことがわかる。

B　「事業の配置」のプロセスでは、「他事業などを活用する取り組み」(3.86点)、「SVを活用した取り組み」(2.90点)の順であった。「他事業などを活用する取り組み」は平均得点がやや高く、標準偏差も0.75点とばらつきが少ないことから、多くの自治体でよく実践されている項目であると言える。一方「SVを活用した取り組み」は得点がやや低く標準偏差が1.47点とばらつきが大きく、自治体による実施度がかなり異なると考えられる。

D　SSWerの資質維持のプロセスでは、「ケースのデータベース化」(3.81点)、「連絡会の構築」(3.27点)、「SSWer勤務環境の整備」(3.26点)、「研修会・勉強会の開催」(3.05点)、「SV体制の構築」(2.59点)の順であった。最も得点の低かった「SV体制の構築」は標準偏差が1.12点とばらつきが見られ、先の「SVを活用した取り組み」同様、自治体による実施度の違いが大きいことがわかる。

F　「事業の促進」のプロセスでは「SSWと他機関のつなぎ」(3.81点)、「SSW促進のための戦略」(3.16点)の順であった。

G　「事業の拡充」のプロセスでは「SV、SSWerとのSSW発展に向けた戦略会議」(3.38点)、「SSW事業の強化」(3.09点)、「SSW事業の効果発信」(3.08点)の順であり、総じてあまり得点が高くなかったことから、拡充についての取り組みは今後の課題であると考えられる。

3）SV体制の有無による実践の差

最後に、SV体制の有無によりt検定を行った結果、プログラム実施度に大きな差が出ていた項目を挙げる。まず表4-1、上段の行は、SV体制のある自治体で教育委員会担当者が、「連絡会の構築」「SSWer活用事業の強化」「SV、SSWerとのSSW発展に向けた戦略会議」をよく行っていた。

表4-1　SV体制の教育委員会担当者の活動に対する効果（アウトカム）

p<.05、*p<.001

SV体制	連絡会の構築***		SSWer活用事業の強化**		SV、SSWerとのSSW発展に向けた戦略会議***	
	回答数	平均値	回答数	平均値	回答数	平均値
SV体制あり	54	3.78	57	3.28	57	3.73
SV体制なし	44	2.64	49	2.87	45	2.94

出所：山野ほか（2013a）

表4-2　SV体制のSSWerの活動に対する効果（アウトカム）

***p<.001

SV体制	連絡会の構築***		SSWer活用事業の強化***		SV、SSWerとのSSW発展に向けた戦略会議***	
	回答数	平均値	回答数	平均値	回答数	平均値
SV体制あり	213	4.01	217	3.38	217	3.84
SV体制なし	94	3.13	100	2.96	95	3.00

出所：山野ほか（2013a）

　また、本章2節の先取りにはなるが、SSWerによる同じ設問への回答内容（372名からの回答あり）から、SV体制の有無によるSSWerのプログラム実施度の差も見ておくと、同じ3項目において大きな差が出ていた（表4-2）。

　さらに、教育委員会担当者から最も期待の高かったケース会議についてクロス集計によって確認すると、図4-7、図4-8からわかるように、SV体制の有無によって差が生じていた。

　「ケース会議において、教員に達成感がもたらされるような発言を行う（図4-7）」に対する「あてはまる」の回答は、SV体制「あり」が39.5%、「なし」が24.1%、「ケース会議においてアセスメントを意識し、それに応じたプランニングを立てるようにしている（図4-8）」はSV体制「あり」が45.4%、「なし」が32.4%であり、SSWerが教員の文脈を理解すること、アセスメント力をつけることにSVが寄与していることをうかがわせる

図4-7 ケース会議において、教員に達成感がもたらされるような発言を行う

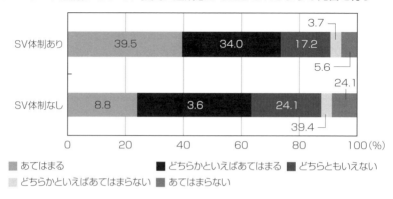

出所：山野ほか（2013a）

図4-8 ケース会議において、アセスメントを意識しそれに応じたプランニングを立てるようにしている

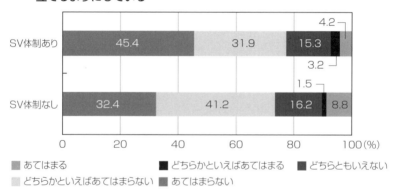

出所：山野ほか（2013a）

（横井・酒井ほか 2013）。

2014年8月、子どもの貧困対策の方針の1つとして、SSWerに対するSVの配置が各都道府県1名ずつとして打ち出された（文部科学省 2014c）が、

今後のSV体制の構築とその成果も注目していきたい。

4）考察

以上から、大きく2つのことが言える。

1つは、福祉的人材の必要性が多くの自治体で問題として捉えられていることである。2）において教育委員会担当者によるプログラム実施状況の得点が高かったこと、1）の自治体の特徴において、「自治体におけるSSWer活用事業を進めるうえで最も困難と感じられることに近いもの」の回答の上位3位が人材に関する回答であったことから、人材不足の認識と確保の必要性を強く感じている。

もう1つは、SV体制の有無による差である。SV体制をとっている自治体は、今回の回答自治体の約半数であった。SV体制をとっている自治体では、連絡会の構築や事業の強化・発展といった、自治体の事業の根幹に関わる部分の機能が充実している。また、SSWerのケース会議の活動にも良い影響を与えていることが明らかとなった。

3. 全国のスクールソーシャルワーカーの実態

1）回答者の構成、特徴

まず、回答者であるSSWerの構成を確認しておく。SSWerは、全回答者372名のうち、男性が104名（28.0%）、女性が265名（71.2%）、回答なしが3名（0.8%）であった。年齢は、20代が30名（8.1%）、30代が68名（18.3%）、40代が85名（22.8%）、50代が90名（24.2%）、60代が92名（24.7%）、70代が6名（1.6%）、回答なしが1名（0.3%）であった。

教育委員会担当者における女性の割合は33.3%であり、SSWerの方が全体に占める女性の割合がやや高い。また、年齢層は教育委員会担当者における40代回答者の割合が45.9%であったことから、SSWerは比較的広い

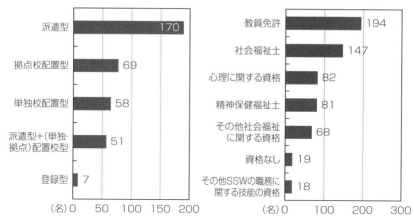

図4-9 SSWerの配置形態

図4-10 SSWerが所有する資格（複数回答）

出所：山野ほか（2013a）

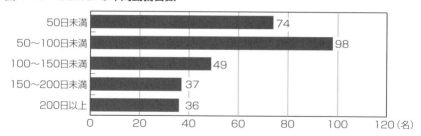

図4-11 SSWerの年間勤務日数

出所：山野ほか（2013a）

世代にまたがっていることがわかる。

　次に、配置形態別のSSWerの人数をみると、上のグラフのようになっている（図4-9）。

　配置形態別に見たSSWerの人数は、「派遣型」が半数近く170名（47.9％）を占め、次いで「拠点校配置型」が69名（19.4％）、「単独校配置型」が58名（16.3％）、「派遣型と配置型（拠点校・単独校）を兼ねる型」が51名

(14.4%)、「登録型」が7名(2%)となっていた。先に示した教育委員会担当者の結果においても、配置形態別に見た自治体数はほぼ同じような分布であった。

　所有する資格について、選択肢からあてはまるものをすべて選んでもらったところ(図4-10)、教員免許が最も多く194名(52.3%)、社会福祉士が147名(39.6%)、心理に関する資格が82名(22.1%)、精神保健福祉士が81名(21.8%)、その他社会福祉に関する資格が68名(18.3%)の順となっており、「資格なし」も19名(5.1%)みられた。

　SSWerになるまでの現場経験では、教育現場が194名(52.7%)であり、社会福祉現場が147名(28.0%)を大きく上回っていた。勤務形態は、非常勤が62.6%を占め、嘱託の35.4%と合わせると、ほとんどが非正規雇用であった。

　次に、SSWerの年間勤務日数の分布を示す(図4-11)。

　年間勤務日数は、「50日から100日未満」が最も多く98名(26.3%)、次が「50日未満」で74名(19.9%)と学校への出勤期間から計算すると週1回勤務が年間35日勤務に相当するため、ほぼ週2日未満の勤務が多いことになる。

　また、日本のSSWerの活動内容の特徴を知るため、アメリカのSSWerの活動内容と比較をしておく(図4-12、図4-13)。アメリカでの調査は選択肢が4つで、そのうち「いつも行っている」と「ほとんど行っている」と回答した人の割合を合計して示しており、日本の調査では「実践は全体のどのくらいの割合を占めるか」を問いその平均割合をグラフにしたものであるため、単純には比較できないが、傾向を見ることはできる。

　それぞれの国において最も多い活動は、アメリカでは個別カウンセリングが60.0%、日本でも子ども・保護者への面接で27.8%であり、同様の傾向が見られる。反対に、最も少ない活動は、アメリカでは教員へのコンサルテーションで9.1%であるが、日本ではこの項目は3番目に高く13.8%である。アメリカの活動内容で2番目に多いのがグループワークで30.8%

図4-12　SSWerの活動に関する全国調査（アメリカ）

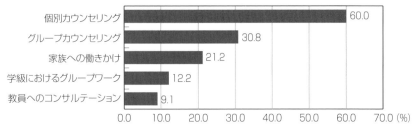

出所：Kelly, Berzin et al. (2010)

図4-13　SSWerの活動に関する全国調査（日本）

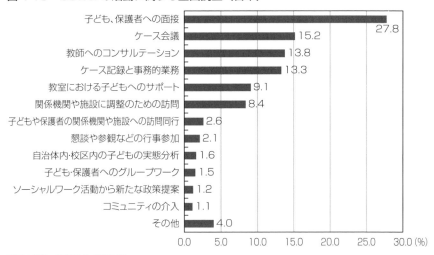

出所：横井・酒井ほか（2013）

であるが、日本ではグループワークは少ない方から3番目の1.5%である。このことから、日本では教員支援の比重が他の活動に対して高いこと、グループワークはあまり行われていないことがわかる。

2) SSWerによるプログラム実施状況

　次に、SSWerが回答したプログラム項目の平均得点（プログラム実施度）

を配置形態別に見ていきたい。調査では、配置形態をたずねる設問で、「派遣型」「拠点校配置型」「単独校配置型」「派遣型と配置型（拠点校・単独校）を兼ねる型」「登録型」の5つの選択肢を設けて回答してもらっていたが、ここでは大きく「配置型」と「派遣型」の2つに分けて結果を示す。「配置型」は「拠点校配置型」と「単独校配置型」とを合わせて合計127名、「派遣型」は「派遣型」を選択した170名とする。

SSWerのアプローチには、①学校組織、②教育委員会、③関係機関、④子ども・保護者という4つのステークホルダーが存在するとわれわれは考えている。これらの4つのステークホルダーのなかにそれぞれ1つあるいは複数のプログラム項目があり、その下位に質問項目（効果的援助要素）が含まれている。各プログラム項目の得点は1〜5点の幅をもつ。

それぞれのプログラム項目について回答者全体、配置型、派遣型の各平均得点を算出し、プロセスごとに点数の高い順に確認した。ただし、ここでは回答者全体の図のみ掲載する（図4-14）。また、得点のばらつきを確認するため、各プログラム項目の標準偏差も示した。

以下、配置形態ごとに記述するが、共通点は、どの形態においても「学校組織へのアプローチ」における「学校アセスメント」「関係機関へのアプローチ」における「ケース会議の実施」が平均得点4.0点を超えてよく行われていたことである。

①SSWer全体（図4-14）

　A　「学校組織へのアプローチ」においては得点の高い順に「学校アセスメント」（4.32点）、「子ども保護者へのアセスメント」（4.11点）、「ケース会議の実施」（4.03点）、「関係機関からの情報提示」（4.01点）であり、これら4項目はいずれも平均値が4.0を超えている。これらのうち、特に「学校組織へのアプローチ」はSD（標準偏差）が0.69点と低い。すなわちばらつきが少なく、回答者全体の得点が高い傾向にあったと言える。最も得点が低かったのは拡大ケース会議の実施であ

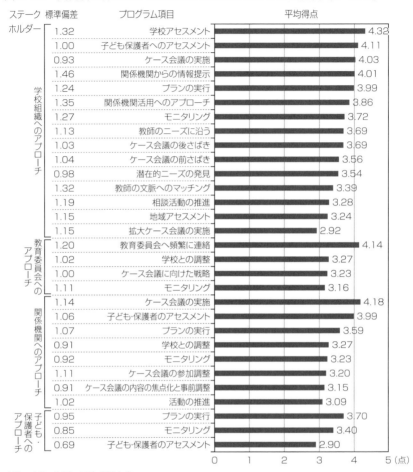

図4-14　回答者全体におけるSSWerによるプログラム実施度（n=372）

出所：山野・梅田・厨子（2014）

り、2.92点であった。

B　「教育委員会へのアプローチ」においては、得点の高い順に「教育委員会へ頻繁に連絡」（4.14点）、「学校との調整」（3.27点）、「ケース会議に向けた戦略」（3.23点）、「モニタリング」（3.16点）となっていた。「教育委員会へ頻繁に連絡」は4.0点を超えており、よく実践されてい

た。また、3.0点を下回る項目はなかった。

C 「関係機関へのアプローチ」においては、得点の高い順に、「ケース会議の実施」(4.18点)、「子ども・保護者のアセスメント」(3.99点)、「プランの実行」(3.59点)、「学校との調整」(3.27点)、「モニタリング」(3.23点)、「ケース会議の参加調整」(3.20点)、「ケース会議の内容の焦点化と事前調整」(3.15点)、「活動の推進」(3.09点)であった。「ケース会議の実施」は平均得点が4.0点を超え、なおかつSD（標準偏差）が0.98点と比較的低く、回答者全体の得点が高かったと言える。また、3.0点を下回る項目はなかった。

D 「子ども・保護者へのアプローチ」においては、得点の高い順に、「プランの実行」(3.70点)、「モニタリング」(3.40点)、「子ども・保護者のアセスメント」(2.90点)であった。最も得点の低い「子ども・保護者のアセスメント」では、3.0点を下回っていた。

②配置型（拠点校・単独校）

配置型では、SSWerによるプログラム項目の実施状況を確認すると、「学校組織へのアプローチ」においては、「学校アセスメント」「子ども保護者へのアセスメント」「プランの実行」「教師の文脈へのマッチング」「潜在的ニーズの発見」「関係機関からの情報提示」の6項目が平均値4.0を超えていた。しかし、他の項目では平均値4.0を超えるのは、「関係機関へのアプローチ」における「ケース会議の実施」のみであり、「教育委員会へのアプローチ」においては、該当項目はなかった。

③派遣型

同じく派遣型では、SSWerによるプログラム項目の実施状況を見ると4.0を超えるのは「学校へのアプローチ」においては「学校アセスメント」のみであったが、「教育委員会へのアプローチ」においては「教育委員会へ頻繁に連絡」「関係機関へのアプローチ」においては「ケース会議の実施」

「子ども・保護者のアセスメント」であった。

3） 配置形態による活動の違い

　ここまでは実施度を単純比較してきたが、配置形態による違いの見られた活動を示す。本章1節の1）で説明した配置形態による違いがあるかどうか、一元配置分散分析を実施して、統計学的に5％あるいは10％水準で有意であったプログラム項目を挙げている。

　分析の結果、プログラム項目「教師の文脈へのマッチング」「教師のニーズに沿う」「子ども・保護者のアセスメント」が派遣型よりも単独校配置型あるいは拠点校配置型が有意によく行っているといえる（図4-15）。反面、単独校配置型あるいは拠点校配置型よりも派遣型＋（単独・拠点）配置型の方が有意だった項目が10項目あった（図4-16）。

4） 資格による活動の違い

　では、所有する資格による活動の違いがあるのであろうか。①社会福祉に関連する資格を所有しているかいないかによる違い、②社会福祉士、精神保健福祉士、教員、心理と4つの資格による違いを確認した。

①社会福祉関連資格の有無による違い（図4-17）

　社会福祉士あるいは精神保健福祉士資格を所有する群とそうでない群を比較した（図4-18）。全30項目のうち25項目において、社会福祉士あるいは精神保健福祉士を所有する群の方がプログラム実施度の点数が高くなっていた。そこで、この2群において、統計学的に有意な差が見られるかどうかをt検定によって検証した。その結果、全30項目のうち22項目において有意な差が見られた。図において、有意な差が見られた項目にアスタリスクを付している（＊＊：$p<0.05$、＊：$p<0.1$）。

　結果、社会福祉士あるいは精神保健福祉士を所有する群において、資格を所有しない群に比較して、学校組織・教育委員会・関係機関の3つのス

図4-15　配置型の方が派遣型よりもよく行っている活動

	配置形態	人数	平均値	
教師の文脈への マッチング	単独校配置型	58	4.09	** p<.05
	拠点校配置型	66	4.10	**
	派遣型	169	2.77	**
	派遣型＋（単独・拠点）配置校型	51	3.94	
	登録型	7	2.10	
	合計	351	3.40	

	配置形態	人数	平均値	
教師のニーズに沿う	単独校配置型	58	3.90	
	拠点校配置型	68	3.94	**
	派遣型	167	3.48	**
	派遣型＋（単独・拠点）配置校型	51	3.88	
	登録型	7	3.38	
	合計	351	3.69	

	配置形態	人数	平均値	
子ども・保護者のア セスメント （子ども・保護者へのアプローチ）	単独校配置型	58	3.69	
	拠点校配置型	69	3.55	**
	派遣型	169	2.21	**
	派遣型＋（単独・拠点）配置校型	50	3.54	
	登録型	7	1.52	
	合計	353	2.89	

出所：山野ほか（2013a）

テークホルダーに対するアプローチが有意に実践されている。これはミクロレベルだけでなくメゾ、マクロレベルに対するソーシャルワーク（以下、「SW」とする）実践が行われていることがいえる。

　さらに、資格を所有しない群に比較して資格を所有する群において、学校組織に対する関係機関のつなぎ、ケース会議に関する活動が有意によく行われていることがわかる。教育委員会担当者が目標に挙げたケース会議

図4-16 派遣型＋（単独・拠点）配置型の方が他よりもよく行っている活動

学校との調整

配置形態	人数	平均値
単独校配置型	57	2.58
拠点校配置型	68	2.92
派遣型	164	3.51
派遣型＋（単独・拠点）配置校型	51	3.68
登録型	7	3.46
合計	347	3.27

ケース会議に向けた戦略

配置形態	人数	平均値
単独校配置型	56	2.27
拠点校配置型	65	3.12
派遣型	166	3.29
派遣型＋（単独・拠点）配置校型	51	3.70
登録型	7	2.93
合計	345	3.14

学校アセスメント

配置形態	人数	平均値
単独校配置型	57	4.46
拠点校配置型	68	4.41
派遣型	165	4.19
派遣型＋（単独・拠点）配置校型	51	4.51
登録型	7	3.91
合計	348	4.32

地域アセスメント

配置形態	人数	平均値
単独校配置型	58	3.50
拠点校配置型	65	3.57
派遣型	166	2.90
派遣型＋（単独・拠点）配置校型	51	3.68
登録型	7	2.54
合計	347	3.23

子ども保護者のアセスメント（学校組織へのアプローチ）

配置形態	人数	平均値
単独校配置型	57	4.05
拠点校配置型	65	4.29
派遣型	166	3.98
派遣型＋（単独・拠点）配置校型	50	4.32
登録型	7	4.29
合計	345	4.11

関係機関からの情報提示

配置形態	人数	平均値
単独校配置型	58	4.06
拠点校配置型	68	4.05
派遣型	167	3.94
派遣型＋（単独・拠点）配置校型	51	4.33
登録型	7	3.00
合計	351	4.02

関係機関活用へのアプローチ

配置形態	人数	平均値
単独校配置型	58	3.45
拠点校配置型	68	4.00
派遣型	162	3.87
派遣型＋（単独・拠点）配置校型	51	4.22
登録型	7	3.36
合計	346	3.87

ケース会議の前さばき

配置形態	人数	平均値
単独校配置型	54	3.17
拠点校配置型	65	3.77
派遣型	160	3.47
派遣型＋（単独・拠点）配置校型	51	4.02
登録型	7	3.06
合計	337	3.55

ケース会議の後さばき

配置形態	人数	平均値
単独校配置型	56	3.48
拠点校配置型	67	3.90
派遣型	165	3.57
派遣型＋（単独・拠点）配置校型	51	4.05
登録型	7	3.79
合計	346	3.69

子ども保護者のアセスメント（関係機関へのアプローチ）

配置形態	人数	平均値
単独校配置型	58	3.64
拠点校配置型	69	3.99
派遣型	167	4.01
派遣型＋（単独・拠点）配置校型	51	4.36
登録型	7	3.64
合計	352	3.99

＊p<.10、＊＊p<.05

出所：山野（2013a）を改変

図4-17　社会福祉士または精神保健福祉士の資格有無別にみたSSWerのプログラム実施度平均値

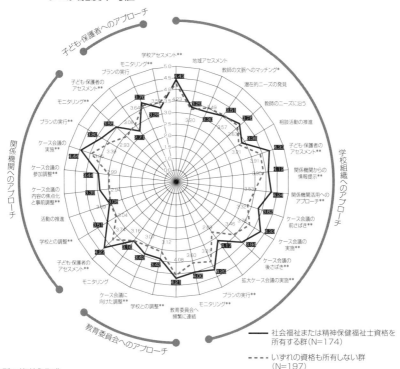

出所：筆者ら作成

であるが、資格を所有する方が求められるソーシャルワーカー（以下、「SWer」とする）としての実践を実行しやすいと言えよう。

　また、資格を所有しない群に比較して資格を所有する群は、関係機関へのアプローチでは「活動の推進」以外すべてにおいて、高い有意水準でよく活動していた。先のケース会議に関連して、関係機関に対して事前に調整したり内容の焦点化まで行うなど、専門性がないと難しい課題であろう。まさに文部科学省（2008b）が期待する「社会福祉等の専門的な知識・技術を用いて、児童生徒の置かれた様々な環境に働き掛けて支援を行う」「関係機関等とのネットワークを活用したりする」という役割をより担って

図4-18 資格とケース会議の実施に関わる効果的援助要素の関連

(*p<.05)

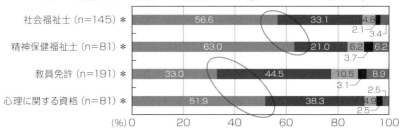
「ケース会議において、把握されていない子どもの背景が伝わるように意識する」

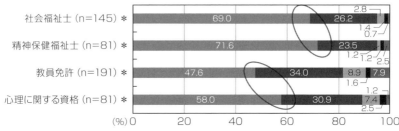
ケース会議において、情報を整理する

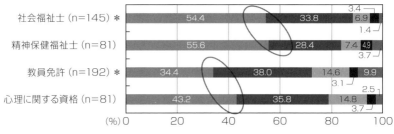
ケース会議において、アセスメントを参加者共同で行う

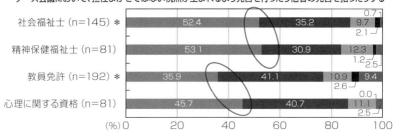
ケース会議において、担任まかせではない視点が生まれるよう発言を行ったり他者の発言を拾ったりする

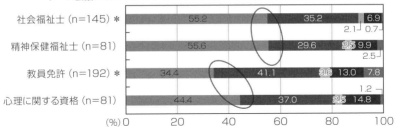

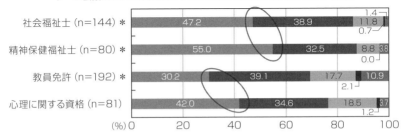

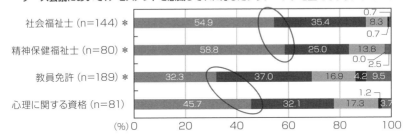

出所:山野ほか (2013a)

第4章 全国調査によるプログラムの検証

いると言えよう。

　反面、資格を所有する群はそうでない群に比べ、「学校組織へのアプローチ」の「教師の文脈へのマッチング」「子ども・保護者へのアプローチ」の「子ども・保護者のアセスメント」「モニタリング」、計3項目で有意に得点が低かった。このうち「子ども・保護者のアセスメント」では3.0点を下回っており、あまり実施されていない。

②社会福祉士、精神保健福祉士、教員、心理の資格による違い（図4-18）
　次に、ケース会議に着目し、4種類の資格による違いをみた。結果、「ケース会議において把握されていない子どもの背景が伝わるように意識する」に「あてはまる」と回答した割合は、社会福祉士（56.6％）と精神保健福祉士（63.0％）の資格をもっているSSWerの活動が、心理に関する資格（51.9％）と教員免許（33.0％）をもっているSSWerの活動を大きく上回った。ケース会議において「情報を整理する」「アセスメントを参加者共同で行う」「ポジティブな発言を行ったり他者の発言を拾ったりする」「担任まかせではない視点が生まれるよう発言を行ったり他者の発言を拾ったりする」「関係者と学校が協働して支援するプランニングを行う」「アセスメントを意識しそれに応じたプランニングを立てる」の項目においても、同様の結果がみられる（横井・酒井ほか 2013）。

5）考察
　以上の調査結果から、効果的なSSW事業プログラムの全国における実施状況をつかむことについて、SSWer全体で4点と配置形態別2点に分けて考察を行う（山野ほか 2014a）。
　SSWer全体であるが、まず1点目、SSWerの資格であるが、文部科学省（2012b）の報告では、社会福祉士を所有するSSWerが40.4％、教員免許を所有するSSWerが38.6％であり、社会福祉士が多いとされている。これは、文部科学省の調査対象が補助事業の対象者のみであるため、このような違

いが生じている。つまり国が把握する範囲には自治体独自予算で展開している自治体は含まれておらず、そこには教員免許所有者が多いこと、そしてその動きは国には把握されないことがわかる。SSW事業の質の向上において、どこでどのような人材がどのように動いているのか全くつかめないことは課題であり、独自採用自治体も含んだ状況把握や研修の仕組みを検討する必要がある。

2点目に、SSWerがよく行っている活動は、全国の実態として、学校組織における「学校アセスメント」「子ども・保護者のアセスメント」であり、学校組織、関係機関いずれに対しても「ケース会議」であったと言える。「ケース会議」が教育委員会が求めていることでもあることは第4章1節において示してきたところである。ニーズに合った活動を行っているといえよう。そして「教育委員会への連絡」や「関係機関からの情報提示」も多く行われていた。本結果は、活動を機能させるための外には見えないSSWerの行為として可視化させることができたと考える。

3点目は、そのケース会議に焦点化したときに、他の資格所持者に比較して社会福祉系の職種はケース会議を成功させるための効果的援助要素をよく行っていることがわかった。

4点目に、SSWerが最も実施している活動は学校組織への働きかけであり、反対にあまり実施できていない活動は、「子ども・保護者へのアプローチ」における「子ども・保護者のアセスメント」、「学校組織へのアプローチ」における「拡大ケース会議」である。このことから、勤務時間数の少なさから直接アセスメントには限界があり、SSWerが機能していくために、まず学校組織にアプローチしている実態を実証的に明らかにした、といえる。「拡大ケース会議」のプログラム実施度が低くなっている点は、学校外の機関も含んだ会議であるため、児童相談所など福祉機関が中心になって担う方が適切であるとSSWer自身や学校管理職が判断していると考えられる。反面、「学校組織へのアプローチ」や「関係機関へのアプローチ」における「ケース会議の実施」の得点の高さと合わせて判断すると、他機関との

役割分担が進められ、SSWerは校内の調整に比重が高く、そのうえでの機関との調整に動いていることが推察される。

　次に配置形態別に見た結果について、1点目としては、配置形態による動き方の違いを明らかにすることができた。「配置型」では「派遣型」に比較して学校組織への働きかけがよく行われていた。また、学校組織に働きかけるなかでも、特に、教員の文脈に沿う活動を派遣型に比べよく行っていた。これらは、常時学校を勤務場所としていることのメリットが表れていた。また子どもや保護者へのアセスメントも配置型SSWerの方がよく行っていた。

　2点目として、「派遣型」は「配置型」に比較して学校組織・関係機関への働きかけのなかでもケース会議に関する活動をよく行っていることや、教育委員会担当者への働きかけが多いことがうかがえる。しかし実は、ほかの配置形態に比べて有意にSW活動を行っている派遣型は何らかの配置型とのセットで動いているSSWerであった。今後のSSWerのSW活動としての定着のために有効な結果であった。これまでも配置形態による違いは述べられてきたが（門田 2009；山下 2013）、今回初めて全国規模の実証的研究として動き方の違いを明らかにした。

4. 教育委員会担当者とスクールソーシャルワーカーのプログラム実施度と効果（アウトカム）との関連

　本章の2節では、回答を得た108自治体におけるSSWer活用事業実施のありようと教育委員会担当者のプログラム実施度について、そして3節では、回答を得た372名のSSWerの特徴とプログラム実施度について示してきた。続くこの節では、それぞれのプログラム実施がどのような効果（アウトカム）をもたらすのかを示す。教育委員会担当者とSSWerの実践する項目をプログラム項目、その実施度をプログラム実施度と呼んできたが、

効果（アウトカム）を示す項目をアウトカム項目と呼ぶ。

　特にここでは、SSWerの配置形態による差異に着目して結果を示す。これまでに、SSWerの活動について配置形態の違いが指摘されている（門田2009；山下2013；久能2013）が、配置形態の違いによる具体的な効果（アウトカム）の差異に関する議論には至っていない。以下、

1）ではSSWerのプログラム実施度とSSWer自身の評価する効果（アウトカム）との関連、
2）ではSSWerのプログラム実施度と教育委員会担当者が評価する効果（アウトカム）との関連、
3）では教育委員会担当者のプログラム実施度とSSWerのプログラム実施度との関連

をそれぞれ配置型と派遣型の大きく2つに分類し、比較を行う。なお、ここから示すデータは、すべてSpearman順位相関係数による相関分析を行ったものであり、それぞれの表において相関係数が0.2以上のもののみ示し、0.4以上のものに網掛けをしている。

　なお、調査票では配置形態を「単独校配置型」「拠点校配置型」「派遣型」「派遣型＋（単独・拠点）配置校型」「登録型」の5つの選択肢から回答してもらったが、ここでは大きく「配置型」「派遣型」の2つに統合する。「単独校配置型」もしくは「拠点校配置型」を選択した回答者を「配置型」、「派遣型」を選択した回答者を「派遣型」と分類すると、配置型は127名、派遣型は170名となった。

　以下、1）については、上記の数で扱うが、2）と3）については、SSWerと教育委員会担当者それぞれから得られたデータをマッチングさせたデータの分析結果を示す。同じ自治体におけるSSWerと教育委員会担当者の回答をマッチングさせるため、SSWer、教育委員会担当者の双方から回答が得られた自治体のみが対象となることから、回答者は少なくなっている。SSWerの回答者は372名であったが、マッチングできた回答者は

317名となった。その内訳は、配置型は100名、派遣型は147名である。以下、記述の一部は、今までまとめてきた論文、報告書を改訂したものである（山野・梅田・厨子 2014；山野ほか 2014a）。

1) SSWerのプログラム実施度とSSWer自身の評価する効果（アウトカム）との関連

　SSWerのプログラム実施度がSSWer自身の評価する効果（アウトカム）に対しどれくらい関連しているのか、示していく。配置型・派遣型いずれにおいても、相関関係は、すべて正の相関で負の相関は見られなかった。正の相関とは、2つの変数間において、一方の変数の得点が高くなればなるほどもう一方も高くなり、それが関連していると統計学的にみなせる状態である。負の相関とはこの反対であり、2つの変数間において、一方の変数の得点が高くなればなるほどもう一方も低くなり、それが関連していると統計学的にみなせる状態である。関連の強さは相関係数（r）で表され、ここでは相関係数が0.4以上の場合に「強い関連がある」、0.2以上0.4未満の場合に「相関がある」と便宜的に表現することとする。

　2つの配置形態に共通する特徴的な傾向として、「関係機関へのアプローチ」において、ほぼすべてのプログラム項目が、アウトカム項目のうち「連携システムの円滑化」「つながり」の2項目と強い関連が認められた。

　以下では、①全体、②配置型（拠点校・単独校）、③派遣型に分類して、4つのステークホルダー（学校組織、教育委員会、関係機関、子ども・保護者）ごとに結果を記述する。なお、相関分析結果を示す表は、煩雑さを避けるため、①全体についてのみ掲載し、②配置型、③派遣型については記述のみとする。

①SSWer全体（表4-3）

　SSWer自身が評価するアウトカム項目に、平均値4.0以上の項目はなか

表4-3 SSWerのプログラム実施度とSSWer自身が評価する効果（アウトカム）との相関分析（全体、N=372）

ステークホルダー	プログラム項目	アウトカム項目 平均値	SD	つながり 3.95 .88	早期対応 3.80 .82	情報共有 3.68 .95	子ども家庭への態度変化 3.88 .72	協働に対する認識変化 3.57 .71	専門性理解 3.78 .90	ストレス減少 3.51 .76	安心感の増加 3.55 .79	子ども家庭の状況変化 3.68 .64	QOLの向上 3.53 .58	連携システムの円滑化 3.27 1.03	課題解決 3.55 .89	専門性向上 3.93 .95
学校組織へのアプローチ	学校アセスメント	4.32	.69	.376**	.360**	.368**	.339**	.363**	.318**	.282**	.346**	.221**	.275**	.325**	.261**	.402**
	地域アセスメント	3.24	1.02	.334**	.424**	.423**	.350**	.382**	.292**	.290**	.400**		.299**	.337**	.239**	.284**
	教師の文脈へのマッチング	3.39	1.11	.281**	.457**	.484**	.349**	.337**	.291**	.347**	.427**	.214**	.346**		.206**	.248**
	潜在的ニーズの発見	3.54	1.14	.325**	.510**	.491**	.432**	.386**	.321**	.387**	.448**	.260**	.338**		.201**	.339**
	教師のニーズに沿う	3.69	.91	.299**	.442**	.449**	.430**	.469**	.383**	.361**	.453**	.233**	.327**		.219**	.422**
	相談活動の推進	3.28	1.00	.403**	.435**	.473**	.386**	.477**	.374**	.384**	.418**	.257**	.366**	.412**	.328**	.437**
	子ども保護者へのアセスメント	4.11	.85	.395**	.386**	.399**	.410**	.460**	.420**	.354**	.393**	.350**	.275**	.283**	.279**	.480**
	関係機関からの情報提示	4.01	1.02	.467**	.262**	.295**		.279**	.307**	.312**	.312**	.235**	.205**	.407**	.242**	.323**
	関係機関活用へのアプローチ	3.86	1.11	.409**	.245**	.343**	.214**	.362**	.421**	.238**	.300**			.410**	.262**	.469**
	ケース会議の前さばき	3.56	1.06	.539**	.401**	.549**	.372**	.464**	.380**	.344**	.328**	.286**	.334**	.511**	.309**	.438**
	ケース会議の実施	4.03	.95	.519**	.355**	.426**	.345**	.445**	.432**	.367**	.320**	.299**	.268**	.447**	.292**	.545**
	ケース会議の後さばき	3.69	1.07	.470**	.426**	.481**	.422**	.546**	.418**	.402**	.416**	.321**	.311**	.389**	.273**	.505**
	拡大ケース会議の実施	2.92	1.20	.423**	.278**	.375**	.289**	.364**	.346**	.313**	.291**	.308**	.288**	.413**	.265**	.373**
	プランの実行	3.99	.91	.495**	.474**	.477**	.440**	.505**	.400**	.418**	.408**	.324**	.293**	.336**	.318**	.501**
	モニタリング	3.72	.92	.462**	.409**	.457**	.356**	.474**	.400**	.391**	.385**	.299**	.292**	.407**	.330**	.511**
教育委員会へのアプローチ	教育委員会へ頻繁に連絡	4.14	1.15	.281**		.226**	.212**	.244**	.216**	.262**	.247**	.243**	.206**	.360**	.226**	.265**
	学校との調整	3.27	1.15	.384**	.270**	.265**	.227**	.304**	.233**	.255**	.229**	.259**	.205**	.512**	.235**	.287**
	ケース会議に向けた戦略	3.23	1.19	.399**	.242**	.352**		.315**	.303**		.221**	.218**		.497**		.329**
	モニタリング	3.16	1.32	.249**		.203**		.239**				.208**		.357**		.274**
関係機関へのアプローチ	子ども・保護者のアセスメント	3.99	1.04	.538**	.315**	.326**	.284**	.401**	.384**	.332**	.290**	.257**	.211**	.489**	.327**	.469**
	学校との調整	3.27	1.13	.462**	.250**	.307**	.205**	.263**	.274**	.239**	.247**	.252**	.258**	.471**	.263**	.316**
	活動の推進	3.09	1.46	.335**	.237**	.271**	.213**	.289**	.200**		.247**			.429**	.235**	
	ケース会議の内容の焦点化と事前調整	3.15	1.24	.492**	.217**	.322**		.326**	.260**	.267**	.208**	.282**	.272**	.550**	.295**	.349**
	ケース会議の参加調整	3.20	1.35	.469**		.214**		.258**	.224**		.257**	.241**	.231**	.538**	.325**	.316**
	プランの実施	4.18	.98	.539**	.328**	.365**	.318**	.416**	.398**	.363**	.338**	.236**	.264**	.431**	.289**	.430**
	モニタリング	3.59	1.03	.548**	.372**	.302**	.228**	.362**	.283**	.267**	.275**	.290**	.244**	.510**	.365**	.334**
	プランの実行	3.23	1.27	.482**	.244**	.294**		.328**	.294**	.269**	.218**	.222**		.507**	.329**	.327**
子ども・保護者へのアプローチ	子ども・保護者のアセスメント	2.90	1.32	.219**	.403**	.366**	.302**	.261**		.286**	.361**	.208**	.309**			
	プランの実行	3.70	.93	.475**	.372**	.358**	.315**	.349**	.289**	.301**	.380**	.459**	.351**	.377**	.364**	.379**
	モニタリング	3.40	1.00	.307**	.427**	.375**	.343**	.362**	.215**	.271**	.361**	.299**	.408**	.207**	.324**	.261**

表内の数値は相関係数を表す。 ** p<.05, * p<.10

出所：山野・梅田・厨子（2014）

第4章　全国調査によるプログラムの検証　93

った（表4-3：上段横一行）。次に、SSWerが実施するプログラム項目とSSWer自身が評価するアウトカム項目との相関分析の結果をみると、多くの項目に有意な正の相関が認められ、関連がみられた。プログラム項目のうち、アウトカム項目5項目以上と強く関連していたのは、全30項目のうち7項目（全項目の23.3％）であった。それらは、すべて「学校組織へのアプローチ」に含まれるものである。アウトカム項目と強い関連のあった項目数の多い順に並べると、「ケース会議の後さばき」「プランの実行」「相談活動の推進」「モニタリング」「教師のニーズに沿う」「ケース会議の前さばき」「ケース会議の実施」であった。

A 「学校組織へのアプローチ」では、上記項目の他、アウトカム4項目と強い関連のあったプログラム項目は「潜在的ニーズの発見」「子ども・保護者へのアセスメント」「関係機関活用へのアプローチ」であり、同じくアウトカム3項目と強い関連のあったプログラム項目は「地域アセスメント」「教師の文脈へのマッチング」、アウトカム2項目と強い関連のあったプログラム項目は「関係機関からの情報提示」「拡大ケース会議の実施」、アウトカム1項目と強い関連のあったプログラム項目は「学校アセスメント」であった。

B 「教育委員会へのアプローチ」では、プログラム項目と強い関連のあったアウトカム項目は「連携システムの円滑化」1項目のみであり、そのプログラム項目は「学校との調整」「ケース会議に向けた戦略」であった。

C 「関係機関へのアプローチ」では、アウトカム4項目と強い関連のあったプログラム項目は、「子ども・保護者のアセスメント」「ケース会議の実施」、同じくアウトカム2項目と強い関連のあったプログラム項目は「学校との調整」「ケース会議の内容の焦点化と事前調整」「ケース会議の参加調整」「プランの実行」「モニタリング」、アウトカム1項目と強い関連のあったプログラム項目は「活動の推進」であっ

た。
D 「子ども・保護者へのアプローチ」においては、アウトカム2項目と強い関連のあったプログラム項目は「プランの実行」「モニタリング」であり、同じくアウトカム1項目と強い関連のあったプログラム項目は「子ども・保護者のアセスメント」であった。

全体を見渡すと、どのアウトカム項目にも強い関連のなかったプログラム項目は、「教育委員会へのアプローチ」における「教育委員会へ頻繁に連絡」「モニタリング」の2項目のみであった。また、どのプログラム項目にも強い関連のなかったアウトカム項目は、「課題解決」の1項目のみであった。続いて、1項目のみ強い関連のあったアウトカム項目は「子ども・家庭の状況変化」「QOLの向上」であり、これらは「子ども・保護者へのアプローチ」のプログラム項目との強い関連があった。

②配置型（拠点校・単独校）
配置型では、SSWer自身が評価するアウトカム項目「早期対応」「子ども・家庭の状況変化」が、平均値4.0以上と高かった。
次に、プログラム項目とアウトカム項目の相関分析の結果をみると、プログラム項目のうちアウトカム項目5項目以上と強い関連がみられたものはなかった。

A 「学校組織へのアプローチ」では、アウトカム4項目と強い関連を示したプログラム項目は「ケース会議の後さばき」「プランの実行」「モニタリング」であった。アウトカム3項目と強い関連を認めたプログラム項目が「教師のニーズに沿う」、アウトカム2項目と強い関連を認めたプログラム項目は「子ども・保護者へのアセスメント」「関係機関からの情報提示」「ケース会議の実施」、アウトカム項目1項目と強い関連を認めたプログラム項目は「地域アセスメント」「拡

大ケース会議の実施」であった。
B 「教育委員会へのアプローチ」において、アウトカム2項目と強い関連を認めたプログラム項目は「ケース会議に向けた戦略」であり、同じくアウトカム1項目と強い関連を認めたプログラム項目は「学校との調整」であった。
C 「関係機関へのアプローチ」については、始めの共通点のところに述べた点のみである。
D 「子ども・保護者へのアプローチ」では、アウトカム3項目と強い関連を示すプログラム項目は「プランの実行」「モニタリング」であった。

　配置型の全体を見渡したとき、どのアウトカム項目にも強い関連を示さないプログラム項目は、「学校組織へのアプローチ」における「学校アセスメント」「教師の文脈へのマッチング」「相談活動の推進」「関係機関活用へのアプローチ」の4項目、「教育委員会へのアプローチ」における「教育委員会へ頻繁に連絡」「モニタリング」の2項目、「子ども・保護者へのアプローチ」における「子ども・保護者のアセスメント」1項目と、複数見られた。また、どのプログラム項目にも強い関連を示さなかったアウトカム項目は、「課題解決」「専門性理解」であった。

③派遣型
　派遣型では、SSWer自身が評価するアウトカムが平均得点4.0以上であり、よく実施されている項目はなかった。
　プログラム項目とアウトカム項目の相関分析の結果をみると、プログラム項目のうち、アウトカム項目5項目以上と強い関連がみられた項目は、全30項目のうち23項目（73.3％）あった。

A 「学校組織へのアプローチ」では、全アウトカム項目に強い関連を

示したプログラム項目は「プランの実行」であり、1項目以外のアウトカム項目に強い関連を示した項目は「ケース会議の前さばき」「ケース会議の後さばき」であった。また、プログラム項目がアウトカム5項目以上と強い関連を示している「学校組織へのアプローチ」において、アウトカムと項目の強い関連が4項目と少なかったプログラム項目は「教師の文脈へのマッチング」「関係機関からの情報提示」であった。

B 「教育委員会へのアプローチ」においては、アウトカム5項目以上と強い関連を認めるプログラム項目は「学校との調整」「ケース会議に向けた戦略」、アウトカム1項目と強い関連を認めるプログラム項目は「教育委員会に頻繁に連絡」「モニタリング」であった。

C 「関係機関へのアプローチ」では、アウトカム項目5項目以上と強い関連を示すプログラム項目は、「プランの実行」「子ども・保護者のアセスメント」「ケース会議の内容の焦点化と事前調整」「ケース会議の実施」「モニタリング」であり、4項目と強い関連を認めるプログラム項目は「学校との調整」、3項目と強い関連を示すプログラム項目は「ケース会議の参加調整」、1項目と強い関連を認めるプログラム項目は「活動の推進」であった。

D 「子ども・保護者へのアプローチ」において、アウトカム7項目との強い関連を認めたプログラム項目は「プランの実行」、アウトカム2項目と強い関連を認めたプログラム項目は「モニタリング」であった。

派遣型の全体を見渡したとき、多くのアウトカム項目との関連を示しているなかで、どのアウトカム項目にも強い関連を示さないプログラム項目は、「子ども・保護者へのアプローチ」における「子ども・保護者のアセスメント」1項目のみであった。どのプログラム項目とも強い関連を示さなかったアウトカム項目は1つもなかった。

④考察

　SSWerの実践とSSWer自身が評価する効果（アウトカム）との関連について、全体に関する考察を2点、配置形態別に見た考察から1点、共通点についての考察を1点、以下に述べる。

　まず、1点目であるが、配置形態によらずSSWer全体について、「学校組織へのアプローチ」におけるすべての項目は、多くのアウトカム項目に影響をもたらしていた。また、アプローチの対象がいずれであっても、強い関連を見せたのはケース会議に関連するプログラム実施であった。「ケース会議の実施」のみではなく、学校組織に対して「ケース会議の後さばき」「ケース会議の前さばき」を行うことで多くの効果（アウトカム）を生み、教育委員会との間では「学校との調整」や「ケース会議に向けた戦略を練る」こと、関係機関との間で「ケース会議の内容の焦点化と事前調整」などさまざまな調整を行うことで「連携システムの円滑化」などに効果（アウトカム）をもたらしていることがわかった。効果（アウトカム）との関連から、ケース会議の重要性が示唆されるとともに、SSWerは、SWとしての活動のなかでのケース会議、つまり会議の実行そのものだけではなく、丁寧な調整を含んで実践することの重要性が明確になった。

　2点目は直接支援について触れる。「子ども・保護者へのアプローチ」では、「子ども・家庭の状況変化」「QOLの向上」など、直接、子ども・保護者の変化に影響するアウトカム項目との関連がみられた。これらの子ども・保護者の変化に直接関係するアウトカム項目との関連は、他のステークホルダーへのアプローチでは登場しない。子ども・保護者への直接的変化を生むためには、今後、SSWerが直接対応できる十分な勤務体制を整え、SSWerの労働を保障していくことが重要である。

　3点目に、配置形態別において違いが明らかになったのは、「配置型」に比べ、「派遣型」のSSWerは、SSWer自身が評価するアウトカム項目の平均値は決して高くないが、プログラム実施によって、多くのアウトカム項目への関連を見せているということであった。問題が明確に浮上してか

らはじめて対応の依頼がかかる「派遣型」と、学校に普段から存在して問題発見から担う「配置型」の違いとして、「派遣型」は問題に焦点化して対応するため、問題の困難さからSSWer自身は強い実感が伴わない可能性はあるが、効果（アウトカム）につながりやすいことを表していると考えられる。

　4点目に、「全体」「配置型」「派遣型」にかかわらず共通して見られたのは、「関係機関へのアプローチ」が「つながり」や「連携システムの円滑化」に影響するという結果であった。これまで、SSWerの役割として、関係機関と学校のつながりを作ることや地域のネットワークを形成することの重要性が指摘されてきたが（文部科学省2008b；鈴木2004）、実際にSSWerの実践が関係機関と学校のつながりや連携システムの形成に効果（アウトカム）をもたらすということを、この調査結果によって実証的に示すことができた。このことは、配置形態にかかわらず、SSWerは教育と福祉の間にある障壁を減らすことに貢献することを示している。

2）SSWerのプログラム実施度と教育委員会担当者が評価する効果（アウトカム）との関連

　ここでは、SSWerと教育委員会担当者それぞれから得られたデータをマッチングさせたデータを活用する。以下の結果をみてわかるように、1）の結果にくらべて、アウトカム項目と関連のみられたプログラム項目が少ない。したがって、関連のあった項目の個数などにおいて以下、異なった記述の仕方をしている。なお、相関分析結果を示す表は、煩雑さを避けるため、①全体についてのみ掲載し、②配置型、③派遣型については記述のみとする。

①SSWer全体（表4-4）

　SSWer全体では、教育委員会担当者が評価するアウトカム項目のうち、平均得点4.0以上の項目は、「つながり」「早期対応」「情報共有」「課題解

表4-4 SSWerのプログラム実施度と教育委員会による効果（アウトカム）との相関分析（全体、N=317）

ステークホルダー	プログラム項目	アウトカム項目 平均値	SD	つながり 4.26 .65	早期対応 4.04 .64	情報共有 4.09 .61	子ども家庭への影響変化 3.91 .49	協働に対する認識変化 3.68 .48	専門性理解 3.99 .64	ストレス減少 3.69 .56	安心感の増加 3.63 .50	子ども家庭の状況変化 3.65 .43	QOLの向上 3.60 .38	連携システムの円滑化 3.98 .68	課題解決 4.07 .64
学校組織へのアプローチ	学校アセスメント	4.32	.69												
	地域アセスメント	3.24	1.02												
	教師の交流へのマッチング	3.39	1.11		.264**	.218**								.208**	
	潜在的ニーズの発見	3.54	1.14		.271**	.287**		.205**						.261**	
	教師のニーズにねらう	3.69	.91		.307**	.289**		.223**		.209**					
	相談活動の推進	3.28	1.00												
	子ども保護者へのアセスメント	4.11	.85							.255**				.205**	
	関係機関からの情報提示	4.01	1.02												
	関係機関活用へのアプローチ	3.86	1.11												
	ケース会議の前さばき	3.56	1.06			.214**				.279**					
	ケース会議の実施	4.03	.95							.233**					
	ケース会議の後さばき	3.69	1.07												
	拡大ケース会議の実施	2.92	1.20							.221**					.203**
	プランの実行	3.99	.91							.236**					
	モニタリング	3.72	.92												
教育委員会へのアプローチ	教育委員会へ頻繁に連絡	4.14	1.15	.216**											
	学校との調整	3.27	1.15												
	ケース会議に向けた戦略	3.23	1.19												
	モニタリング	3.16	1.32												
関係機関へのアプローチ	子ども・保護者のアセスメント	3.99	1.04												
	学校との調整	3.27	1.13												
	活動の推進	3.09	1.46												
	ケース会議の内容の焦点化と事前調整	3.15	1.24												
	ケース会議の参加調整	3.20	1.35												
	ケース会議の実施	4.18	.98												
	プランの実行	3.59	1.03												
	モニタリング	3.23	1.27												
子ども・保護者へのアプローチ	子ども・保護者のアセスメント	2.90	1.32												
	プランの実行	3.70	.93												
	モニタリング	3.40	1.00												

出所：山野ほか（2014a）
** p＜.05、* p＜.10

決」であった（表4-4：上段横一行）。

　プログラム項目のうち、アウトカム項目2項目以上と関連があるのは、全30項目のうち4項目（全項目の13.3％）であった。関連するアウトカム項目数の多い順から「教師の文脈へのマッチング」「潜在的ニーズの発見」「地域アセスメント」「ケース会議の実施（学校組織へのアプローチ）」であった。

　アウトカム項目1項目と関連があるプログラム項目は、全30項のうち7項目（全項目の23.3％）であった。項目を挙げると、「相談活動の推進」「子ども・保護者へのアセスメント（学校組織へのアプローチ）」「ケース会議の後さばき」「プランの実行（学校組織へのアプローチ）」「モニタリング（学校組織へのアプローチ）」「教育委員会へ頻繁に連絡」「学校との調整（教育委員会へのアプローチ）」であった。

②配置型（拠点校・単独校）
　配置型では、教育委員会担当者が評価するアウトカム項目のうち、平均得点4.0以上の項目は、「つながり」「早期対応」「情報共有」「専門性理解」「連携システムの円滑化」「課題解決」であった。

　プログラム項目のうち、アウトカム項目2項目以上と関連があるのは、全30項目のうち11項目（全項目の36.7％）であった。関連するアウトカム項目数の多い順から「地域アセスメント」「ケース会議の実施（学校組織へのアプローチ）」「ケース会議に向けた戦略」「子ども・保護者のアセスメント（関係機関へのアプローチ）」「学校アセスメント」「潜在的ニーズの発見」「子ども・保護者へのアセスメント（学校組織へのアプローチ）」「関係機関活用へのアプローチ」「教育委員会へ頻繁に連絡」「学校との調整（教育委員会へのアプローチ）」「学校との調整（教育委員会へのアプローチ）」であった。

　アウトカム項目1項目と関連があるのは、全30項目のうち13項目（全項目の43.3％）であった。項目を挙げると、「教師の文脈へのマッチング」「教師のニーズに沿う」「相談活動の推進」「関係機関からの情報提示」

「ケース会議の前さばき」「ケース会議の後さばき」「プランの実行（学校組織へのアプローチ）」「モニタリング（学校組織へのアプローチ）」「活動の推進」「ケース会議の参加調整」「ケース会議の参加調整（関係機関へのアプローチ）」「ケース会議の実施（関係機関へのアプローチ）」「モニタリング（関係機関へのアプローチ）」「プランの実行（子ども・保護者へのアプローチ）」であった。

③派遣型

　派遣型では、教育委員会担当者が評価するアウトカムが平均得点4.0以上の項目は、「つながり」「課題解決」であった。

　プログラム項目のうち、アウトカム項目2項目以上と関連があるのは、全30項目のうち16項目（全項目の53.3％）であった。関連するアウトカム項目数の多い順から「モニタリング（学校組織へのアプローチ）」「プランの実行（子ども・保護者へのアプローチ）」「教師の文脈へのマッチング」「潜在的ニーズの発見」「モニタリング（子ども・保護者へのアプローチ）」「子ども・保護者へのアセスメント（学校組織へのアプローチ）」「ケース会議の後さばき」「プランの実行（学校組織へのアプローチ）」「プランの実行（関係機関へのアプローチ）」「関係機関からの情報提示」「ケース会議の前さばき」「学校との調整（教育委員会へのアプローチ）」「活動の推進」「ケース会議の参加調整」「モニタリング（関係機関へのアプローチ）」「子ども・保護者のアセスメント（子ども・保護者へのアプローチ）」であった。

　アウトカム項目1項目と関連のある項目は、全30項目のうち9項目（全項目の30.0％）であった。項目を挙げると、「教師のニーズに沿う」「相談活動の推進」「関係機関活用へのアプローチ」「ケース会議の実施（学校組織へのアプローチ）」「教育委員会へ頻繁に連絡」「ケース会議に向けた戦略」「子ども・保護者のアセスメント（関係機関へのアプローチ）」「学校との調整（関係機関へのアプローチ）」「ケース会議の実施（関係機関へのアプローチ）」であった。

④考察

　表4-3と表4-4を比較してみると、教育委員会担当者が評価するアウトカム項目の平均値とSSWer自身が評価するアウトカム項目の平均値は異なっており、傾向として教育委員会担当者が評価するアウトカム項目の平均値の方が高い。多くの項目において、教育委員会担当者がSSWerを高く評価していることがわかる。アウトカム項目のうち、「教員のストレス減少」が全体と特に配置型において関連するプログラム項目が多い。これは、SSWerの活動内容が十分機能した結果のみならず、教員の負担が軽くなったり精神的に支えられた結果が評価された可能性もある。教育委員会によって高く評価されているが、統計学的に有意な相関が多くないことも、教育委員会担当者が詳細を丁寧に見たうえでの評価ではないことが背景にあるかもしれない。

　今後、活動に関するプログラムをチェックしたり振り返ったりする際には、SSWer自身だけで行うのではなく教育委員会担当者との協働を行い、丁寧に理解を進める必要があると考える。

3）教育委員会担当者のプログラム実施度とSSWerのプログラム実施度との関連

　次に、2）と同じくSSWerと教育委員会担当者から得られたデータをマッチングさせた結果から、教育委員会担当者のプログラム実施度とSSWerのプログラム実施度との関連を示す。この視点で分析を行う意味は、SSWer単独で動きを起こすことには限界があり、教育委員会が事業のさまざまな準備をすることがSSWerの動きに関連すると考えられるので、教育委員会がどのようなことを準備するとSSWerはどの活動が行いやすくなるのかを実証的に明らかにする。なお、ここでは全体は説明のみとし、違いが明らかにみえる配置型（表4-5）、派遣型（表4-6）の相関分析結果を示す。

① SSWer 全体

　教育委員会担当者が実施するプログラム項目と SSWer が実施するプログラム項目との相関分析の結果をみると、いくつかの項目に有意な相関が認められ、いずれも相関係数が 0.2 以上 0.3 未満の関連であった。以下、7 つのプロセスに分けて順に見ていく。

- A 「事業開始に向けての必要な要素」では、SSWer が実施するプログラム項目と 2 項目以上との関連を示すプログラム項目はなく、「SSW に関する情報収集」が「地域アセスメント」と、「情報を活用した取り組み」が「教師の文脈へのマッチング」と関連があった。これらはいずれも「学校組織へのアプローチ」の項目である。
- B 「事業の配置」では、「他事業などを活用する取り組み」が、SSWer が実施するプログラム項目のうち 4 項目と関連を示しており、そのうち 3 項目は「学校組織へのアプローチ」、1 項目は「関係機関へのアプローチ」であった。「SV を活用した取り組み」は「潜在的ニーズの発見」1 項目とのみ関連があった。
- C 「職務設計」では、SSWer が実施するプログラム項目と関連のあるプログラム項目は見られなかった。
- D 「SSWer の資質維持」においては、SSWer が実施するプログラム項目のうち 3 項目以上との関連を示したプログラム項目は 3 つあり、「SV 体制の構築」「連絡会の構築」「研修会・勉強会の開催」であった。これらのうち多くが、「学校組織へのアプローチ」および「子ども・保護者へのアプローチ」のプログラム項目との関連であった。残る 2 プログラム項目である「ケースのデータベース化」「SSW 勤務環境の整備」は、SSWer が実施するプログラム項目との相関は見られなかった。
- E 「事業・実践の評価」では、「SSW 事業の評価」の項目が、SSWer が実施するプログラム項目のうち 2 項目と関連を示していた。これらのうち 1 つは、「学校組織へのアプローチ」の「ケース会議の前さば

き」、もう1つは「子ども・保護者へのアプローチ」の「プランの実行」であった。
F 「事業の促進」では、「SSWと他機関のつなぎ」のみが、SSWerが実施するプログラム項目のうち2項目と関連を示し、それらはいずれも「学校組織へのアプローチ」であった。
G 「事業の拡充」では「SSW事業の強化」のみが、SSWerが実施するプログラム項目のうち2項目と相関を示し、1つは「学校組織へのアプローチ」、もう1つは「子ども・保護者へのアプローチ」の項目であった。残る「SV、SSWerとのSSW発展に向けた戦略会議」および「SSW事業の効果（アウトカム）発信」はSSWerの実践するプログラム項目との関連を示さなかった。

　全体を見ると、教育委員会担当者の実施するプログラム項目は、SSWerの「教育委員会へのアプローチ」のプロセスを除いては、他のすべてのアプローチの少なくとも1つの項目に対し、関連を示していた。

　配置型・派遣型においては、有意な正の相関と負の相関が見られた。相関が見られた項目に偏りが見られるため、1）とは異なる記述の仕方をする。

②配置型（拠点校・単独校）（表4-5）
　配置型では、SSWerのプログラム項目の10項目以上と相関のあったプログラム項目が2つ見られた。「SSWerの資質維持」における「SV体制の構築」はSSWerのプログラム項目の15項目と関連があり、それらのうち12項目は「学校組織へのアプローチ」に含まれていた。同じく「SSWerの資質維持」における「SSWer勤務環境の整備」では10項目と関連があり、そのうち4項目は「教育委員会へのアプローチ」の全項目であり、「関係機関へのアプローチ」のなかの5項目とも関連していた。

106 第2部 効果的プログラムモデルの開発

表4-6 教育委員会担当者実施度とSSWer実施度相関分析結果（派遣型、N=147）

出所：山野ほか（2014a）

第4章 全国調査によるプログラムの検証　107

この他は、SSWerのプログラム項目7項目と関連が見られたのが「事業の拡充」における「SSW事業の強化」、5項目の関連が見られたのが「SSWerの資質維持」の「ケースのデータベース化」であり、これらのSSWerのプログラム項目はすべて「学校組織へのアプローチ」に含まれていた。

③派遣型（表4-6）
　派遣型では、SSWerのプログラム項目の10項目以上と相関のあったプログラム項目が6項目見られた。「事業開始に向けての必要な要素」の「福祉的人材の必要性を実感」と「情報を活用した取り組み」は、SSWerのプログラム項目の18項目と、「事業の配置」の「他事業などを活用する取り組み」は16項目と、「事業開始に向けての必要な要素」の「SSWに関連する情報収集」は15項目と関連していた。これらの項目はSSWerのステークホルダー4つに満遍なく散らばっている。
「事業の拡充」の「SSW事業の効果発信」はSSWerのプログラム項目14項目と関連があり、そのうち12項目は「学校組織へのアプローチ」に含まれていた。「事業・実践の評価」の「SSW事業の評価」は11項目と関連があり、これらはSSWerのステークホルダー4つに満遍なく散らばっていた。
「事業の促進」の「SSWと他機関のつなぎ」は、SSWerのプログラム項目8項目と関連があり、そのうち4項目は「学校組織へのアプローチ」に含まれていた。

　教育委員会のプログラム項目のうち、SSWerのプログラム項目と10項目以上関連のあったものを見ると、配置形態によって大きな差があることがわかる。配置型では「SSWerの資質維持」の「SV体制の構築」と「SSWer勤務環境の整備」の2項目を行うことがSSWerの実施につながっている。特に「SV体制の構築」は偏りなく多くの項目と相関があり、教

育委員会がSV体制を機能させることでSSWerの動きが充実すると言える。

　一方、派遣型では、「事業開始に向けての必要な要素」のプロセスのうち「福祉的人材の必要性を実感」「SSWに関連する情報収集」「情報を活用した取り組み」の3項目、「事業の配置」の「他事業などを活用する取り組み」「事業・実践の評価」の「SSW事業の評価」「事業の拡充」の「SSW事業の効果（アウトカム）発信」を行うことがSSWerの実施につながっている。とりわけ、事業開始前の動きがSSWerの実践の多くにつながりやすい。

④考察

　以上から、教育委員会の実践がすでに示してきた期待される効果（アウトカム）に結びつくSSWerの実践につながっているのか、という点について考察を行う。

　全体として、相関係数が0.4以上の強い関連は見られなかったが、教育委員会担当者が実施するプログラム項目とSSWerが実施するプログラム項目との相関分析から、いくつかの項目で正の相関がみられた。つまり教育委員会担当者が入念に組織計画を立てることはSSWerの活動に影響するといえる。特徴的なこととして、5点述べる。

　1点目は、教育委員会が事業開始に向けて、SSWに関する事前の情報収集と活用を行うことは、「SSWerの学校組織へのアプローチ」の一部に関連する。つまり、教育委員会がSSWに関する知識を得て計画することは活動を起こす効果（アウトカム）をもたらす可能性があるといえよう。

　2点目は、事業配置を行ううえで、他事業などを活用する取り組みを行うことで、関係機関と協働での活動がスムーズになったり、プランの実行が進んだりするなど、着目すべきポイントである。事業設計者の立場からすれば、SSWerのみで事業を実施するのではなく他事業とともに実践するという、広い視点でとらえることも重要であることがわかった。

　3点目に、SV体制や連絡会、研修などを形成し仕組みを作っておくこ

と (山野 2012b：108-9) が、SSWerの効果的な実践に関連する。山野 (2006) が着目してきたように、SVrの役割はSSWerに対するSVのみならず、SSWer活用事業を教育行政と協働で作り上げ、管理することにある。

　4点目に、SSWer活用事業の評価を行うことがケース会議の準備やSSWerの子ども・保護者へのプランの実行に関連し、SSWer活用事業の強化をはかることが潜在的ニーズの把握や子ども・保護者のアセスメントを行うことにつながる。

　第5に、配置形態の違いに目を向けると、配置型では、教育委員会が内容に関することやSSWer自身の資質向上や維持についてなど直接的な検討がSSWerの動きにつながっており、派遣型では、教育委員会による間接的な支援によってSSWerの動きにつながっていると考えられる。派遣型によって成果を見せて広げていく役割と配置型によって丁寧に見ていく役割と、SSWer活用事業開始後10年未満の過渡期、全校配置にはなっていない現状としては、両形態という並行する二本立ての方がSW実践をよく行っており、現状では必要といえる。

　さらに、SSWerのプログラム項目のなかで平均得点が4.0以上、すなわちよく実施されていたものに着目すると、必ずしも教育委員会担当者の実践と連動しているわけではない．SSWerとしては、よく行うプログラム項目かどうかのみならず、今回教育委員会の実践と相関がみられたプログラム項目を意識して行うこと、あるいは教育委員会担当者に実施してもらうよう働きかけることが、よりアウトカムにつなげることができるのではないかと考える。

Appendix 1　インパクト理論に基づくアウトカム項目の定義、項目間信頼性係数、項目例

項目	項目の定義	質問項目数	信頼性係数 サービス利用計画	信頼性係数 組織計画	質問項目例
つながり	SSW活用プログラムを学校に導入することにより、学校と関係機関のつながりが強化・構築・再構築される。	3	.874	.836	学校と関係機関が気軽に相談しあうようになる。
早期対応	協働がすすみ、教師、SSWer、関係機関等の専門性が向上した結果、学校は子どもの問題行動に対して、予防的な働きかけができる。	2	.787	.783	学校では子どもの少しの変化に気がつくようになる。
情報共有	学校内の問題を検討する場が増える機能をする。	2	.795	.725	学校において校内ケース会議を開催する回数が増えた。
子ども・家庭への認識変化	SSWの社会福祉的視点や関係機関の視点によって、子どもや家庭に対する認識に変化が表れる。	3	.844	.812	教師は子どもと家庭の良い点に目を向けるようになる。
協働に対する認識変化	子ども・家庭における状況の変化を受けて、教師、関係機関との協働に対する認識が変わる。	5	.868	.787	協働の際、教師は目標を共有し達成しようとする。
専門性理解	協働がすすむことで、教師が学校でもっていなかったの専門性を、学校教育に生かせると理解する。	1	—	—	教師は今まで理解していなかった他の専門性を、学校教育に生かせると理解する。
ストレス減少	教師の子どもや保護者へのストレスが減少する。	2	.869	.874	教師は子どもの課題をもって仕事をすすめていけるようになった。
安心感の増加	学校内の教師の悩みを話し合う雰囲気が増す。	2	.859	.623	教師は気軽にもめごとを相談できる相手がいる。
子ども・家庭の状況変化	子ども・家庭への認識が変わった教師が課題を抱える子どもに対応する、SSWや関係機関による支援が入る等の行為によって、子ども・家庭の状況に変化が表れる。	4	.794	.760	子どもが家庭のなかで会話をするようになる。
QOLの向上	全プロセスを経て、最終的に、子ども全体のQOLを高めることに寄与する。	5	.747	.725	子どもが学校の中で居場所ができた。
連携システムの円滑化	学校内外（SSWerと関係機関など）の連携が進む。	3	.763	.746	学校と関係機関が合同で行う会議が増加した。
課題解決	子どもや家庭の問題が解決する。	1	—	—	こどもや家庭の課題が解決した。
専門性向上	協働がすすむことで、SSWerや関係機関の学校領域において生かすことができる専門性の向上に寄与する。	1	—	—	学校現場で活動することで、学校教育に生かせる専門性を発揮する。

注）（信頼性係数）の欄の「―」は、質問項目が一つであったため信頼性係数を算出していないことを示している。
出所：山野・梅田・厨子（2014）

Appendix 2　プロセス理論（組織計画）に基づくプログラム項目（効果的援助要素）の定義、項目間信頼性係数、項目例

プロセス	プログラム項目	項目の定義	質問項目数	信頼性係数	質問項目例※
事業実施に向けての必要な要素	学校地域の実態把握とか分析	学校・地域の実態を把握・分析し課題を明確化する	3	.651	自治体の児童生徒の問題に対して、どのような支援者が関わっているのか把握する。
	組織的人材の必要性を実感	学校・地域の実態を把握・分析したことから、子どもたちを育成し地域が抱える問題を支援するために、教育組織の福祉的な人材が必要であると認識する。	3	.514	学校と異なる立場で子どもの側に立って連携して働きかける人材が必要であると感じる。
	SSWに関連する情報収集	視察や研究会の参加などを通じて、SSW活動の参考となるような情報を収集し、SSW事業の実施を検討する。	3	.801	他の都道府県・市区町村のSSW事業を視察し、SSWに関する情報を収集する。
	情報を活用した取り組み	視察や研究会で収集した情報を活用し、SSW事業に向けた事業を作成する。	2	.626	SSWに関する情報等を踏まえ、SSW事業を作成する。
事業の配置	他事業などを活用する取り組み	他事業などを活用して展開するために、既存の事業と組み合わせて実施することや、SSW事業などの効果的なものにしていく検討する	2	.353	さまざまな関連事業を活用して、SSW事業を整理する。
	SVを活用した取り組み	スーパーバイズ（以下、SV）を活用し、学校・地域の実態や課題を踏まえた事業内容、人材、配置などに協議することによる効果的な事業内容の策定を段階的に行う	2	.925	SVと相談し、SVの導入や配置などの方法を協議する。
職務設計	教育委員会との連絡協議	教育委員会担当者がSSW事業の課題やニーズ、課題などを把握し、効果的なSSW事業を行うために、SSWerと教育委員会担当者が随時に協議を行う	3	.902	SSWerと教育委員会が、SSW活用に関する活動の協議を行い合わせる。
	SV体制の構築	SV体制を構築し、SVがSSW事業または地域におけるSSWerのサポートを行うことで、SSWerが資質向上やSSW事業の促進・効果的充実におけるSSW業務が維持できる	7	.885	都道府県教育委員会と市区町村が教育委員会と協議して、SSWerの配置を構築する。
	連絡会の構築	SSW活動を担当してもらい、定期的・継続的な活動を行うために、効果的・機能的な連絡会を開催する	6	.840	SSWerを活用している教育委員会とSSWerの連絡会を入れて、連絡会を開催する。
SSWerの資質向上	研修会・勉強会の開催	SSWerの資質の向上およびSSW事業の向上に資するため、他職種とSSW事業以外の事業や他機関の専門的な理解を深め、他職種がSSWerの資質向上を図ることにつながる	4	.721	SSWerとさまざまな実践事業のメンバーでの定期的な会議を開催する。
	ケースのデータベース化	SSWerの活動ケース記録・他機関の連携ケースなど、SSWerの活動内容だけでなく、既存の情報・プランなどを明らかにすることも含め、実践の振り返りや活用されるSSWerの資質向上を図ることにつながる	4	.725	管理的に必要なフォーマット（日程、目標、ケース検討など）を作成する。
	SSWer勤務環境の整備	SSWerが活動しやすい勤務環境を整えること、勤務負荷の向上、雇用維持や学校等SSWerの定着に関係機関の連携につながる	4	.246	教育委員会に配置されたSSWerの席を設ける。
事業・実践の評価	SSW事業の評価	事業の管理を含めて、事業の実践評価を行う。この実践評価を事業の改善に、拡充につなげていく	3	.798	子どものさまざまな課題に対する事業の効果を評価する。
事業の促進	SSWと他機関のつなぎ	SSWerの活動に対する理解を図るために、関係機関に対して積極的な周知や、関係機関との紹介することなど、SSWerと連絡機関をつなぐ役割を行う	3	.753	SSW導入に関する周知を、関係機関に対して徹底する。
	事業促進のための戦略	SSW事業のスムーズな展開にむけ、SSWerに対する要請を活用しながら効果的活動を検討し実施する。	4	.485	教育委員会に担当を置き、SSW要請連絡の窓口を設ける。
事業の拡充	SV、SSWerとのSSW発展に向けた検証会議	SSW、SSWerとの連携課題の進展について、SSWerの活動方法などをSVが相談する中でSSW事業の今後に向けて議論する	4	.606	教育委員会とSVがSSW事業の今後の強化に向けて議論する。
	SSW事業の強化	SSW事業を推進していくSVを定置する	7	.687	SSWerの計画をまとめるために、諸会議をする要望、設置を検討する。
	事業成果の効果	発信事業の促進・拡大などに事業の効果を発信することや成果を発表されたりすることで、事業委員、SSWer、SSVの活動方法の検証は、事業のモチベーションを高め、項目修正などを行っている。	4	.650	SSW活動についての冊子を作り、学校などに配布する。

※質問項目は、効果的援助要素に基づいており、合計69質問項目となっている。それらを18のプログラム項目としてまとめている。プログラム項目の中には信頼性係数の高くないものもあった。この調査以降、項目の修正、項目のモデバーションを行っている。

出所：駒田・山野（2014）を改変

Appendix 3 プロセス理論（サービス利用計画）に基づくプログラム項目（効果的援助要素）の定義、項目間信頼性係数、項目例

ステークホルダー	プログラム項目	項目の定義	質問項目数	信頼性係数	質問項目例※
学校組織へのアプローチ	学校アセスメント	学校の状況を事前に把握するための活動	5	.788	管理職、さまざまな役割の教師、支援員などから得た情報を整理し、学校状況をアセスメントする。
	地域アセスメント	子どもや学校の置かれている状況を事前評価するために必要な地域の情報に基づくための活動	4	.773	地域の支援者（民生委員、児童委員など）から得た情報を整理し、地域状況をアセスメントする。
	教師の交流へのアプローチ	気軽に相談をしてもらえるような関係を教師と築くための活動	3	.793	挨拶や雑談など、普段から教師に声をかける。
	潜在的ニーズの発見	学校や教師が認識していなかった、支援の必要なケースの状況を把握するための活動	5	.897	校内を巡回して、目配りの必要な事柄を発見する。
	教師のニーズにこたえる	SSWerの助言を押し付けるのではなく、教師の明示的なニーズに沿う形で教師を支援していく活動	3	.699	教師のニーズにあわせて事柄について、一緒に考える。
	相談活動の推進	教師との相談が増えるよう、教師が気軽に相談しやすい環境を作る活動	4	.751	教育委員会の定期的な学校訪問に向けて、教師の反応を聞き取り、相談依頼をあげる。
子ども保護者へのアプローチ	福祉の視点、総合的な視点で子どもや保護者のアセスメントを行えるように教師をサポートする活動	4	.868	子どもの変化などに気が付かない子どもの言動について、教師の反応を受け止めて教師に提言する。
	関係機関からの情報提示	学校だけでは知りえない、子どもの置かれている状況を教師的視野に見ることができるように、関係機関からの情報を学校に伝える活動	3	.864	関係機関からの情報に基づいて、教師に働きかける。
	関係機関活用メリットへのアプローチ	関係機関を活用するメリットや手続きの具体的な方法を伝えることで、学校と関係機関を活用したアプローチをとるように促す活動	2	.859	関係機関に各機関について通りの実情や解決方法の活用例を含めて具体的に提示する。
	ケース会議の開催促進	効果的な時にケース会議を行うための準備を教師とともに行う活動	2	.886	連携ケース会議における「時期と判断」、「全体把握」、「役割分担」を行う。
	ケース会議の実施	実りあるケース会議にするため、ケース会議の最中に行う活動	9	.958	ケース会議において、多面的な視点が取り入れているように、多くの意見の出席者と意見が出し合う会議の進め方を作る。
	ケース会議の後のばさ	ケース会議が終わったあと、フォローについて行う活動	2	.816	事例に関わっている子どもについて、目標に向けた対応策を実施する。
	拡大ケース会議の実施	校内のケース会議だけではなく、目的に応じて大きな枠大きなケース会議を実施する活動	2	.512	小中連携のためのケース会議を実施する。
	プランの実行	ケース会議で決まったプランに、実際に応じて教師と連携して実行していく活動	3	.815	教師と一緒にプランの実行を着実にサポートする。
	モニタリング	プランの実施において定期的に実情について教師とともにモニタリングを行う活動	3	.756	ケース対応について定期的に教師、関係機関とともにモニタリングを行う。
教育委員会へのアプローチ	事例について教育委員会にバックアップをとれるため、教育委員会へ機敏に連絡を入れる活動	2	.914	ケース支援の進捗状況を教育委員会担当者に相談あるいは連絡を報告する。
	学校の調整	教育委員会を通して、学校でのスムーズなSSWを実現するための活動	4	.847	学校とSSWerのつなぎ役である教育委員会の青年担当者に連絡する。
	ケース会議に向けた教師	効果的なケース会議に向けて調整を、教育委員会とともに実施するために、教育委員会とともに事前に打合わせを行う	3	.768	ケース対応に出席する教育委員会とケース会議の資料作成のための事前打合わせを行う。
	ケース会議の実施	SSWerとケース会議のやりとのケースへの対応が教育委員会につないでいくもらい、教育委員会と一緒にプラン実施後のケースの経過把握を行う	1	—	ケース対応について、教育委員会とケース会議担当者と一緒にプラン実施後のケースの経過把握を行う。
	モニタリング	関係機関からの情報とともに子ども保護者に関するアセスメントを行う活動	2	.879	関係機関からの情報を関係機関と共有し、現状のケースについてアセスメントを行う。
関係機関へのアプローチ	活動の推進	関係機関と関係機能しながら連携し調整を行うため、関係機関の活動性に対して行う	2	.562	関係機関の活動の内容に関係、関係機関の活動の質の向上を尊重する。
	ケース会議の内容の焦点化	ケース会議の内容の整理について	1	—	事前の有無に限らず、関係機関の活動との比較を行う。
	ケース会議の参加調整	ケース会議への参加者について行う調整方針を実施する活動	2	.833	ケース会議に参加するメンバーの設定を関係機関と共に連携する。
	ケース会議の実施	関係機関と一緒にケース会議に参加について、ケース会議の調整を行う活動	2	.827	ケース会議で明らかになったプランについて、関係機関の調整を行う。
	プランの実行	関係機関と関係機関ととともに、プランを実行してもらうために行う活動	2	.778	ケース会議で決めたプランにそって関係機関とともに実施する、関係機関から情報を得る。
	モニタリング	関係機関ととともにプラン実施後のケースの経過把握を行う活動	4	.792	関係機関と一緒に定期的にモニタリングを行う。
子ども保護者へのアプローチ	子ども保護者のアセスメント	子どもや保護者のアセスメントのために直接行う子ども、保護者の働きかけを行う活動	1	—	学校行事に参加し、子ども、保護者の状況を把握する。
	プランの実行	直接、子どもや保護者が気がかりのあるプランにそって実行するための活動	2	.839	ケース会議に参加であるメンバーの、子ども、保護者を関係機関とともに行う。
	モニタリング	直接、子どもや保護者と接するプラン実行後のケースの経過把握を行う活動	11	.893	ケース会議で決まったプランにそって支援を行う、その後の支援結果の効果や支援方法を確認する。
	モニタリング		4	.734	子どもと面談を行い、その後の支援結果の効果や支援方法を確認する。

注）「信頼性係数」の欄の「—」は、質問項目が一つであったため信頼性係数を算出していないことを示している。
※質問項目は、効果的援助要素に基づいており、合計101質問項目となっている。それらを30のプログラム項目としてまとめている。
出所：山野・梅田・厨子（2014）

第3部
効果的プログラムモデルの改善・形成

第5章　実践家参画型ワークショップの方法による
　　　　プログラム再構築——修正モデル

　この章では、第3章までの過程で形成したプログラムを改善・再構築してモデルを完成させる、「プロセス評価」と「アウトカム評価」の段階がどのように行われたかについて述べる。

1. 実践家参画によるプログラム改善の意義

　実際に現場で使われ、普及していくプログラムモデルを構築するためには、研究に実践家が参画してプログラムに継続的な改善を加えることが必要である（大島ほか 2012a；大島 2012a）。この方法によるプログラム評価研究には、精神障害者の退院促進・地域定着支援プログラムにおける効果モデルの改訂（中越・小佐々ほか 2013）、生活保護の自立支援プログラムの理論構築（源・大山ほか 2013）、家族心理教育実施・普及プログラムにおけるプロセス評価・アウトカム評価（贄川 2013）などがある。いずれも実践家が参画するワークショップ（以下、「実践家参画型ワークショップ」または単に「ワークショップ」とする）を開催し、実践家と研究者がともに検討を重ねている。そこで本研究では、スクールソーシャルワーカー（以下、「SSWer」とする）やスーパーバイザー（以下、「SVr」とする）、自治体の教育委員会などの事業担当者（以下、事業担当者とする）による実践家参画型ワークショップを繰り返し開催し、プログラムの改善・再構築をはかっていった。

このワークショップはプログラムモデル完成後も継続的に開催されており、2014年度は完成モデルのWeb化および社会実装のために第8回、第9回が開催されている（11月末現在）。第9回は文部科学省、国立教育政策研究所、日本社会福祉士養成校協会、日本社会福祉士会からの参加もあるなかで行われた。このようにプログラム評価は進展し続けているが、本書ではプログラムの完成まで（ワークショップについては第7回まで）を記述の対象とする。

　以下に述べる内容は、これまでにまとめた研究報告書の章（横井・周防 2014）を改訂したものである。また、効果的援助要素とその内容は、山野ほか（2014b）による『効果的なスクールソーシャルワーカー配置プログラム実施（改訂版）マニュアル・評価マニュアル―全国調査、試行調査の実証、実践家の議論を経て』に記載されたものを引用している。

2. 実践家参画型ワークショップの概要

　第1～3回は、2011年度までの過程で構築した仮のモデル（以下、仮モデルとする）の再構築を目的として2012年度に開催された。第4～7回は、第1～3回で再構築した修正版モデル（以下、修正モデルとする）をさらに改善・再構築してモデルを完成させることを目的として2013年度に開催された。開催した実践家参画型ワークショップの概要を以下に記す（2014年3月末現在）。

1) 対象者

　第1～3回は、①第4章に記した全国調査でワークショップに「参加希望」と回答したSSWer・SVrおよび教育委員会等自治体の事業担当者、②国に先行してSSWerの事業を行っている自治体の事業担当者およびSSWer・SVr、③研究会等に積極的に参加するなどして自らの実践だけで

なく自治体の事業全体を発展させようとしているSSWer・SVrに参加を呼びかけ、エキスパートやリーダーを集めることを意図した。なお本書では先行研究に倣い、これらの対象者を「実践家」と表記する。

第4〜6回は、上に述べたように修正モデル再構築後の開催であるため、プログラム実施マニュアルの試行を全国のさまざまな自治体に推し進めながら、試行を実施する、または検討中の自治体の事業担当者・SSWer・SVr、自治体の方針にかかわらず自主的にマニュアルを試行するSSWerを対象とした。

第7回は、修正版プログラム実施マニュアルの文言のわかりにくさを改め、インパクト理論の改善・再構築を行う目的で開催したため、第1〜6回に継続的に参加し、マニュアルを試行中あるいは試行を検討中のSSWer・SVr・自治体の事業担当者に参加を依頼した。

2）開催日時・参加者数・参加自治体数・内容

各回の開催日時、参加者数および参加自治体数、内容を表5-1にまとめ

表5-1　ワークショップの開催日時・参加者数・参加自治体数・開催

回	開催日時・時間	参加者数 参加自治体数	内　容
第1回	2012年9月1日 13：00〜17：00	42 28（私学1含む）	全国調査結果データを用いた組織計画・サービス利用計画の再構築1
第2回	2012年11月4日 13：00〜18：00	27 20（私学1を含む）	全国調査結果データを用いた組織計画・サービス利用計画の再構築2
第3回	2013年2月17日 11：00〜13：00	27 17（私学1を含む）	効果（アウトカム）の検討
第4回	2013年7月20日 10：00〜17：00	32 19	第1回マニュアル試行報告会
第5回	2013年9月7日 10：30〜17：00	29 18（私学1を含む）	第2回マニュアル試行報告会
第6回	2013年10月20日 17：00〜19：00	28 22（私学1を含む）	関東甲信越地区を対象とした地域的開催
第7回	2013年12月8日 10：00〜17：00	19 12（私学1を含む）	インパクト理論再構築・マニュアルの文言等検討

注）第4回・第5回では文部科学省がオブザーバー参加。
出所：筆者作成

た。参加者は、上述の対象選定方針に基づき人数の調整をはかった結果、表中の人数となった。参加自治体の合計（実数）は60（私学2含む）である。

3. 実践家参画型ワークショップの内容およびプログラム再構築の結果

1）内容およびプログラム再構築の方法
①第1回：全国調査結果データを用いた組織計画・サービス利用計画の再構築1

　プログラム理論の方法論に関する講義、研究趣旨説明、先行自治体からの発表、研究班からの全国調査の結果報告に続けてワークショップを実施した。ここでは、全国調査から明らかになった「組織計画」と「サービス利用計画」の効果的援助要素の項目とプログラムの効果（アウトカム）項目との相関分析結果および実施度（5件法）の平均値を一覧表にしたもの（例：表5-2、表4-3）を参加者に配り、6～7名のグループに分かれてこれを参照しながら、効果的援助要素の項目を1項目ずつ、以下のa.～d.についてディスカッションした。

　a. インパクトがあまり出ていない項目の解釈
　b. 実施度（平均値）は高いがインパクトがあまり出ていない項目の解釈
　c. インパクトは出ているが実施度が低い項目の解釈
　d. それぞれの効果的援助要素の項目の重要度

　グループディスカッションのファシリテータは研究班メンバーが務め、その後、全体で議論を共有した。その結果、「派遣型」と「配置型」など配置形態の整理、都道府県教育委員会と市町村教育委員会の区別など、基本的な整理が必要な事項について参加者から多くの指摘を受けた。
　ワークショップ終了後は、各グループのファシリテータが録音データと

表 5-2 効果的援助要素（教育委員会担当者）と効果（アウトカム）の相関および実施度（5件法の平均値）（*p＜.10, **p＜.05）

		平均値	つながりの変化	子ども家庭の認識変化	協働に対する認識変化	専門性理解	状況変化	早期対応・早期発見	子どものQOL向上	情報共有システムの構築	連携システムの円滑化	ストレス減少	安心感増加	課題解決
			4.27	3.78	3.70	3.90	3.61	3.96	3.53	4.05	3.95	3.68	3.66	3.92
事業開始に向けての必要な要素	学校地域の実態把握と分析	3.78	.229*					.333**						.213*
	福祉的人材の必要性を実感	4.64	.365**	.299**	.261**					.205*	.281**			
	SSWに関連する情報収集	3.42												
	情報を活用した取り組み	3.53						.252*		.247*				
事業の配置	他事業などを活用する取り組み	3.86												
	SVを活用した取り組み	2.90												
職務設計	SSWerとの戦略的協議	4.04								.215*	.298**			
	SV体制の構築	2.59			.223*									
	連絡会の構築	3.27												
SSWerの資質維持	研修会勉強会の開催	3.05												
	ケースのデータベース化	3.81	.248*		.201*			.209*		.215*				
	SSWer勤務環境の整備	3.26												
事業・実践の評価	SSW事業の評価	3.87		.253*				.243*			.239*			
事業の促進	SSWと他機関のつなぎ	3.80				.297**								.216*
	SSW促進のための戦略	3.16												
	SVr・SSWerとのSSW発展に向けた戦略会議	3.38												
事業の拡充	SSW事業の強化	3.09		.233*	.219*									
	SSW事業の効果発信	3.08		.219*							.218*			

出所：山野・横井（2013）報告資料を改変

筆記記録をもとにグループごとに意見を網羅したディスカッション記録を作成し、出された意見を効果的援助要素別に一覧表化し、1つひとつの意見を効果（アウトカム）との相関と照合させながら検討した。このような過程を経て効果的援助要素の項目を修正し、効果的援助要素とその下位項目が並ぶチェックリストの形に構築していった。

②第2回：全国調査結果データを用いた組織計画・サービス利用計画の再構築2

　第1回目に出た意見を整理して、第1回目のデータに併記してディスカッション資料とし、第1回目と同様のグループディスカッションを行った。この回では、効果的援助要素の項目を中項目ごとの括りで検討する作業も加え、足りないと思われる項目や疑問点を聞いていった。その結果、実践上重要となる視点や概念のブレについて指摘が浮かび上がった。ワークショップ終了後、第1回と同様の作業を研究班で行い、中項目・大項目など枠組みの整理をしながら各項目を精査し、変更・修正を加えた。また、用語の定義を明示し、文言の統一をはかった。

　修正後の項目は研究協力者（ワークショップに参加したSSWerと教育委員会関係者数名）に提示し、妥当性や解釈などについて意見を聞いた。

③第3回：効果（アウトカム）の検討

　第1回・第2回のワークショップの結果を実践家に報告した後、インパクト理論におけるアウトカム項目について実践家を中心にブレーンストーミングを行い、スクールソーシャルワーク（以下、「SSW」とする）実践における事例や実践体験を交えながら意見を出し合った。また、2013年度に行うプログラム試行調査への協力要請を行った。

④第4回：第1回マニュアル試行報告会

　日本社会事業大学学長大島巌氏を招き、午前中のプログラム評価に関す

る講演に続いてワークショップを開催した。ここでは、第3回までの過程でできあがった修正モデルのプログラム実施マニュアルおよびマニュアル試行時に用いる効果的援助要素のチェックリスト（教育委員会用とSSWer用）を参加者に配付し、試行方法を説明した。また、先行してマニュアルを試行する4都道府県の事業担当者およびSSWerがチェックリストに記入した結果をデータで示し、それらの事業担当者、SVr、SSWerから「マニュアルをどのように活用したか」「プログラム試行の結果はどのようであったか」などの報告を聞き、以下（a～c）の点についてグループディスカッションを行った。自治体からの報告内容は3）自治体のマニュアル試行調査結果報告の項に記す。

　a．マニュアル活用のために参考になったこと
　b．マニュアルの一部分を活用することができるか
　c．プログラムの不足点、マニュアルに対する意見

⑤第5回：第2回マニュアル試行報告会

　文部科学省児童生徒課の参加を得て、午前中の児童生徒課による最新動向の講義に続いて午後に開催した。プログラム評価について解説した後、前回同様5つの自治体からマニュアル試行調査の報告を聞いてグループディスカッションを行った。ファシリテータは研究班メンバーのほか第4回まで毎回参加を続けた実践家（SSWer）1名がつとめ、マニュアルを活用した自治体の報告者が各グループに配置され、議論の核となって以下をディスカッションした。

　a．発表を聞いて、自身の自治体で具体的にできること
　b．自分の自治体が抱えるニーズとマニュアルがどのように一致するのか（自分の自治体の課題に対し、マニュアルでベースラインができることのメリット）

　この段階では初回から継続的に参加する実践家が十数名見られ、これらの実践家が全国各地でプログラム評価の取り組みを推進する役割を果たし

た。

⑥第6回：関東甲信越地区の実践家を対象とした東京での開催
　マニュアル使用を検討する関東甲信越地区および近接地区の実践家の要請に応え、研究会メンバーが中心となり、日本社会福祉士養成校協会の全面的な協力を得て開催した。
　プログラム理論の解説、これまでの研究成果、各自治体の取り組み成果などを報告した後、a.使用して感じたこと、b.マニュアルを実践に導入するために必要な視点、c.よりよい研究会にするための意見などをグループディスカッションした。

⑦第7回：インパクト理論再構築・マニュアル再検討
　インパクト理論は、第1章で述べたように、プログラムによって期待される効果（アウトカム）の流れを示した仮説である。本研究で構築したインパクト理論も、当初のインタビュー調査や全国調査の分析によって効果（アウトカム）の流れを仮説にしたものである。この仮説の精緻化をねらい、実践家の実践知にてらしてインパクト理論を見直し、再構築する取り組みを行った。
　この回では、ファシリテータに明治大学教授の源由理子氏を迎え、源氏による方法を用いてワークショップを行った。源氏は、実践家参画型ワークショップの手法に精通する政策分野の研究者であり、この手法によるプログラム評価研究（源・大山 2013など）に関わってこられた。ワークショップでは、特注の大判付箋紙と太マジックを使用し、模造紙をつなげて壁に貼ったものに参加者が大判付箋紙を張り付けていく形式でブレーンストーミングを行った。全員が模造紙を貼った壁に向かって半円形に椅子を並べて座り、1つの模造紙を見ながら、考えられる因子を付箋紙に書いて貼り出すことによって参加する方法である。
　手順としては、最終的な、遠位のアウトカム（以下、「最終アウトカム」と

する）について全員が合意した後、最終アウトカムに対する阻害因子を探って付箋紙に書いたものを貼り出し、模造紙上で阻害要因の因果関係を3〜4層に整理し、問題の全体像を把握した（問題分析）。次に、それら阻害要因の1つひとつに対して、それが解決した状態（アウトカム）を考え出して対置させ、最終アウトカムの下位に位置する中間アウトカム、近位のアウトカムを明らかにしていった（目的分析）。さらに、それぞれの中間アウトカム、近位アウトカムに対して、それらを達成するための手段を検討した。ワークショップ後には、ここで手段としてあげられた要素とすでに抽出されている効果的援助要素を対照させて不足していた要素を補った。そして、ここであがった要素の1つひとつを研究班で検討し、インパクト理論の仮説群となるよう整理した。そのうえで、修正モデルにおけるインパクト理論と照合しながら、インパクト理論の改善をはかった。

　インパクト理論の再構築に加えて、第4回〜第6回を開催するなかで明らかになったマニュアルの使いにくい点、文言が不明確な点も検討した。実践家14名に協力を依頼して事前に意見を募り、当日の議論を経て、後日研究班にて検討を行い、修正を加えた。また、プログラムモデルへの適合度をはかるために必要なプログラム評価マニュアル部分をこの回までに研究班が開発し、これについて実践家の意見を求めた。

2）ワークショップでの指摘事項を踏まえたプログラム再構築の結果
①組織計画

　第1回で概念が未整理のところ、研究者の視点が現場を捉えきれていないところを修正し、第2回でプログラムの構造、根本的で重要な点の修正をはかった。たとえば、「教育委員会とSSWerの動きはリンクするため、教育委員会による組織計画の項目とSSWerによる実践（サービス利用計画）の項目に整合性をもたせなければならない」「教育委員会の組織計画は、教育委員会が事例レベルで課題を把握することに始まる」「教育委員会がSSWerの専門性を理解すること、専門家とともに事業の土台を練り上げる

ことが重要」「スーパービジョン（以下、「SV」とする）体制は極めて重要」などの指摘を踏まえてプログラムの構造を検討し直した。

　その結果、改良前は「事業開始に向けて必要な要素」としてひとくくりにしていた要素を「①事業開始に向けた情報収集」「②戦略を練る」の2つに分け、SSWerの職務内容の設計や資質の向上の項目を「③管理」にまとめ、全体で3つのカテゴリーに整理した。これによって組織計画は、課題を分析して成果指標を定め、問題解決のビジョンを描いて事業計画を立て、事業を管理していくという、構造をもったプログラムとなった。また、自治体の事業担当者がSSWerやSVrの専門性を生かして事業を推し進めることができると同時にSSWerの質も確保できるように、SSWerの専門性に関する事項を再検討し、組織計画とサービス利用計画の全体にわたって項目の修正を行った。

　さらに、これらのカテゴリーのほかに、SSWerのマクロアプローチと考えられる項目が意見のなかから抽出されたため、組織計画をより効果的にするSSWerの実践項目としてサービス利用計画の中に追加した。ほかにも、第7回を踏まえて言葉の意味を正確に表すための文言修正や見落としていた要素の追加を行った。

具体的な項目の変更例（組織計画）
「D-3 SVrの配置」「E-1 SV体制の構築」は、当初は「事業配置」のなかの「SVを活用した取り組み」と、「SSWerの資質維持」のなかの「SV体制の構築」となっており、項目の構成や内容が未整理だった。ワークショップでは「SV体制の構築は、全国調査の平均値（実施度）は低いがとても重要」「SVrの設置を明確にしていない自治体が多い」「SVrの位置付けがばらばらである」などの意見が出されたため、どのようなSVrを配置するのか、SVrは具体的にどのようなことをするのかをマニュアルに明記した。

　言葉を補った例では、「D-3 SVrの配置」の下位項目中の「専門的見地」を「社会福祉の専門的見地」に変更。見落としている要素を追加した例で

は、「A-2 ソーシャルワークの視点を持つ人材の必要性を認識」の下位項目として、「学校現場に社会福祉の知識や考え方を加えることが必要だと認識する」、「E-1 SV体制の構築」の下位項目に「SVrが困難な場面に同行し、実地に指導する」などの項目を追加した。

②サービス利用計画

　サービス利用計画については、カテゴリーに大きな変更は生じなかったが、「価値・倫理に関する項目がない」との指摘を受けて、「SSWerの基本姿勢」を実践の前提として項目外に加えた。項目については、学校、教育委員会、関係機関、子ども・保護者のそれぞれに対してアセスメント、プランニング、プラン実行、モニタリングのプロセスを重複や漏れのないよう順序だてて整理した。特に、項目数が多く煩雑になっていたケース会議の項目を再編した。また、それぞれの効果的援助要素の項目について、より具体的で現場に即した下位項目の開発を行った。さらに、「組織計画とサービス利用計画の項目に整合性をもたせるべき」との意見を踏まえて、それぞれの計画の整合性に留意しながら再構築をはかった。

具体的な項目の変更例（サービス利用計画）

　第2回検討会で出された、「教員、保護者、子どもに対するSSWerの役割説明やSSWerの役割の理解度が学校によってまちまちである。SSWerの役割の理解度は重要な点である」との意見をもとに、A-1「学校アセスメント」、B-1「教育委員会担当者へ定期的に報告・連絡・相談、学校との調整」、C-1「関係機関・関係者・地域への基本的な活動」、D-1「子ども・保護者のアセスメント」のなかに、「SSWerの役割をどう理解しているか」「SSWerの役割をどう把握しているか」のアセスメントに関する下位項目を新設した。

　意味を正確に表すための修正としては、「A-3 潜在的ニーズの発見」を「A-3 学校や地域に潜在するニーズの発見」に変更、「A-4 戦略を立てる」

を「A-4 学校組織に働きかけるための戦略を立てる」に変更などを行った。見落としている項目を追加した例では、「A-7　子ども・保護者の共同アセスメント」の下位項目に「相談のあった事例について、起こりうるリスクを教員とともに洗い出し、手だてを講じる」を追加するなどを行った。

③インパクト理論

　第3回では、インパクト理論に用いられる言葉の意味の重要性が指摘され、どのような客観的指標を設定すればよいかについて議論がなされた。また、効果（アウトカム）には学校、教育委員会、関係機関、子ども・保護者などのアプローチ領域に対するものだけでなく、SSWer自身に対するアウトカムが存在し、それを明確化する必要性があるとの意見が上がった。

　第7回による大きな変更は、①最終アウトカムの焦点を「子ども」から「子ども」と「地域」に変更したこと、②中間アウトカムを教育と家庭の2環境から捉えたことの2点である。すなわち、最終アウトカムにおける、「1人ひとりの子どものQOLの向上」は、「支えあう地域」が存在して成り立つものであり、子どものQOLと支えあう地域の存在に相互関係があると捉えた。また、最終アウトカムを目指すための中間アウトカムについては、教育環境と家庭環境の2つのカテゴリーが存在することを意識し、可視化しやすい形で示すことに努めた。その結果、SSWer、教員、他の専門職がそれぞれのアウトカムに影響しあい、相互の関係がより効果的なアウトカムを生むインパクト理論を構築することができた。

3）自治体のマニュアル試行調査結果報告

　第4回、第5回のワークショップで報告された自治体の取り組みの概要を以下に記す（内容はワークショップ時点のものである）。

①第4回における試行調査結果報告

　3都道府県の事業担当者2名およびSVr3名から報告がなされた。

マニュアル試行の動機は、「有資格者・実務経験者を採用しSVrを充実させているにもかかわらず、最近はSSWerの質にばらつきがあり、均一なサービスが提供できなくなってきている」(事業担当者)、「経験と勘に頼らない実践がしたい」(SSWer) などであった。
　試行に向けた自治体への働きかけ方としては、「①SVrがマニュアルを持参して教育委員会を回る (SVr)」「②SSWer連絡協議会に講師を招いてマニュアルの説明を受ける (SVr・SSWer)」「③SSWerとSVrで作る自主組織で講師を招いて研修会を開き、その場でSSWerが自ら項目をチェックして課題を話し合う (事業担当者)」などが工夫され、地域内の過半数の自治体あるいは半数の自治体が参加を申し出るなどの形で試行が開始されていた。試行調査を行い、SSWer、教育委員会のそれぞれについて課題となっている項目が把握できたと報告された。
　参加者からの感想として、SSWerは「学校へどのように入っていけばよいかがわかった」「次々に依頼が来るので、もっと戦略的に対応できるようにしたい」「何を取り組めばよいのか、目安になった」、市町村教育委員会は「事業の効果が実感できるようになるとよい」などをあげたと報告された。導入にあたっての課題としては、「①項目が多くチェックを記入するのが大変」「②携帯できる版があればよい」「③配置型と派遣型の整理が必要」「④文面が固いため、読もうと思っても閉じてしまう」「⑤『戦略』という言葉がたくさん出てくるので拒否反応を示す方がある」などがあげられたと報告された。

②第5回における試行調査結果報告
　4都道府県の事業担当者1名、SVr1名、私学SSWer1名からの報告があった。
　取り組みの動機としては、「市町村単独事業が広がるにつれて効果指標（虐待や不登校、学力など）が多様となり、都道府県教育委員会の効果指標とダブルスタンダードになり、関係者に負荷をかけている。また、都道府

県が担うべき内容や指標を改めて検討する必要もある。そこで、本マニュアルをもとに項目を定め、市町村教育委員会とともに事業の効果検証をしたい」(事業担当者)などが新たに報告された。

　試行調査を実施した感想としては、「①SSWerの省察、気づきにつながった」「②チーフSSWerが、自分が担当する地域のSSWerの特徴を理解することにつながった」「③SVやOJTとリンクしたマニュアル活用の必要性を感じている」「④『項目の内容をなぜ行うのか』の視点とその理解が大切であり、ソーシャルワークの基盤を押さえて実施する必要がある」などであった。課題としては、「調査期間が1か月に限定されているために、派遣型は普段やっている項目にチェックが付きにくい」との声が報告された。

　実践家との協働の経過は以上の通りである。ここで議論されたことは、可能な限り検討し、最終的には完成モデルに反映させた。これらの成果は、2013年度末に『効果的なスクールソーシャルワーカー配置プログラム実施(改訂版)マニュアル・評価マニュアル』(山野ほか2014b)にまとめた。

コラム 鳥取県からのメッセージ

1）これまでの取り組みから育成研修へ

鳥取県教育委員会　牧田　悟

　平成26年度、鳥取県ではSSWerを県で3名、11市町で23名配置しており、社会福祉分野における専門的な視点で、児童生徒・教職員・保護者に対する相談活動を行うとともに、問題を抱える児童生徒の置かれた家庭環境等の改善に向けた関係機関との連携推進等を図っている。

　本県では、SSWerの資質向上を図ることを目的として、平成25年度から大阪府立大学の山野則子教授を講師に招き、年間2回の研修会を実施してきた。

　対象を現任のSSWer及び関係市町教育委員会担当者とし、SSWer活用事業の効果的な運営等について研修を行うなかで、問題解決に向けた支援会議等、具体的な動きについて共通理解がなされてきた。その際に昨年に効果的な配置プログラムマニュアルの試行に全県で取り組み、それを活用した研修を実施した。これらを踏まえて、今後もSSWerへの要請が増えることが予想されるが、本県には、SSWer、社会福祉士、精神保健福祉士を養成する機関がない。そのため、配置を計画しても採用できる者がいない、また地域によっては不足している等の理由で事業規模を縮小する市町村もある。さらには、配置のうち、教員OBが約半数を占めている現状があり、研修の充実を図るとともに専門的知見を有する者の育成・配置が求められてきた。

これらを踏まえ、本県では平成26年度、「SSWer育成研修」を予算化し、以下のとおり開催し、SSWer活用事業の充実を図っているところである。

(1) 目　　的：SSWerの育成及び資質向上を目的として実施
(2) 対　　象：県内のSSWer希望者（社会福祉士、精神保健福祉士、学校関係者、教員、社会福祉関係者、市町村関係者等）
(3) 内　　容：第1日目「SSWerの役割について」
　　　　　　　第2日目「SSWの実際」
　　　　　　　第3日目「福祉的観点から見た支援」

2）効果的なスクールソーシャルワーク事業プログラム運用への期待

鳥取県スクールソーシャルワーカー　福島史子

　鳥取県西部と山野先生のご縁は13年前にさかのぼる。教育と福祉の連携が必要と米子市の学校や教育委員会の先生方が山野先生をお招きしたのである。以来、米子市の福祉部門の児童相談のネットワークの構築への助言をいただき、また平成20年SSWer活用事業スタートの年には西部教育局の依頼で山野先生に講義をしていただいている。ソーシャルワークの価

値に基づくSSW実践は機関連携・校内体制の変化によりよい効果をもたらすとのお話に、すでに事業を開始していた町のなかにはSSW事業のあり方そのものを見直す町も現れた。その伯耆町や米子市のSSW実践について平成22年〜23年山野研究室のインタビューに協力。そして平成24年からは「効果的なSSWer配置プログラムのあり方研究会」に加わらせていただき、全国の実践者との「SSW実践がもたらす効果の可視化と検証」の議論に伯耆町からは教育委員会の指導主事とSSWerが共に参加してきたのである。

さらに、鳥取県をあげての2年間の試行調査協力では、問題が生じたときに効果的な実践に立ち戻り実行してみると校内において生徒や家族についてのポジティブな発言が増える等、目に見える効果の測定を実感することができた。単独で教育現場に入るSSWerが日常的に簡易に利用し自らの実践を振り返るツールとして実用化できることに大いなる期待をもった。

そして、鳥取県社会福祉士会子ども家庭支援委員会においても、平成24年から3年連続で山野先生をお迎えしてSSW研修会を行い、効果的な配置プログラムマニュアルのチェックボックスを活用した研修を実施。参加者からはプログラムは他の福祉現場での振り返りにも有効との意見が寄せられた。研修会には教育委員会からも多数のご参加をいただいた。

今後、鳥取県において教育委員会とSSWerともに組織計画、サービス計画をチェックすることのできるプログラムを積極的に活用できるようになり、また社会福祉士会でも県域でのサポートができたら望ましいと考える。

第6章　プログラムの試行

　この章では、第3章で示した仮モデルに基づいて行った全国調査（第4章）、実践家参画型ワークショップによる意見交換（第5章）を経て修正した修正モデルである『効果的なスクールソーシャルワーカー（以下、「SSWer」とする）配置プログラム実施マニュアル』（山野ほか 2013b）（以下、「マニュアル」とする）に基づき実施した試行調査の結果について報告する。

1. 研究方法

　この調査は、「効果的なSSWer配置プログラムのあり方研究会」に参画している自治体の教育委員会担当者およびSSWerが中心に取り組んだ。
　参画自治体において、マニュアルに基づく活動や行為が効果（アウトカム）につながるかどうかを検証するため、2013年度、修正モデルであるマニュアルに基づいて活動をしてもらう前提で、事前や活動はじめの2013年6月～9月と、事後としてマニュアルに基づく活動が定着・蓄積されたと考えられる2013年12月～2014年1月にそれぞれ同じ調査票（項目は第5章に示している）を用いて計2回の調査を実施し、比較検討を行った。調査時期の設定は、年度末のはじめや終わりなど、年度の変わり目に伴う特別な行事がある時期や、特に多忙になると予想される時期を避けて行った。

1）調査項目

　試行調査では、マニュアルに含まれる1つひとつのチェック項目（教育委員会担当者、SSwerそれぞれの修正したプロセス理論におけるプログラム項目の効果的援助要素）およびインパクト項目をそのまま質問項目とした。

　教育委員会担当者、SSWerいずれに対しても、2013年6月～9月と、2013年12月～2014年1月のうちの1か月間の活動について回答してもらうよう依頼した（7月1日～7月31日、6月20日～7月20日など）。ただし、教育委員会担当者が回答期間においては行わない活動も質問項目に含まれていたため、A「（年度ごとの）事業開始に向けて情報収集」、B「戦略を練る」、D「事業の配置」のプロセスについては、活動した期間を振り返って回答してもらった。

　SSWerについては、関わっている学校が複数あるため、そのうち1校だけを取り出し回答してもらった。また、回答期間に行わなかった活動も含まれるため、教育委員会担当者同様、A-1「学校アセスメント」、A-2「地域アセスメント」、D-1「子ども・保護者のアセスメント」については活動した期間を振り返って回答してもらった。回答は、選択肢式ではなく、それぞれの活動を1か月の間に実施したかしなかったかで判断し、実施した項目のチェックボックスにチェックを入れてもらう形をとった。

　試行調査に用いた調査票は、フィデリティ尺度でもある（大島ほか2010）。山野ほか（2014b）において、フィデリティ尺度の開発について以下のように順を追って説明されている。

　　フィデリティ尺度は、あるプログラムが効果的なプログラムの基準に準拠している程度を測定する尺度である（Bond et al. 2000）。良い効果（アウトカム）を予測する効果的援助要素を組み合わせて尺度構成する。科学的根拠に基づく実践（EBP）が求められる現在、フィデリティ尺度は実践が意図された通りに導入されているのかについて評価する系統的方法として注目されている（Drake et al. 2005）。以下、効果

的援助要素とフィデリティ尺度に関する一例を挙げる。

例　教員のニーズに沿う（プログラム項目の1つ）
①効果的援助要素の抽出（4つの効果的援助要素）
・教員のニーズに合わせて事例について一緒に考える
・担任と学級の環境や雰囲気について一緒に考える
・教員の活動や考えについて、ソーシャルワーク（以下「SW」とする）の視点から賛同する旨を伝える
・SSWerの活動を教育目標や教員の方針とすり合わせる
②各効果的援助要素についての重みづけ
・教員のニーズに合わせて事例について一緒に考える（○）
・担任と学級の環境や雰囲気について一緒に考える（○）
・教員の活動や考えについて、SWの視点から賛同する旨を伝える（○）
・SSWerの活動を教育目標や教員の方針とすり合わせる（●）
＊本研究班では、重みづけに基準としてSSWer初心者レベルの実践（○）、SSWer上級者レベルの実践（●）の2つを採用した。
③重みづけに基づく5段階尺度へのあてはめ
・○0～1項目……………………1点
・○2項目………………………2点
・○3項目または●1項目………3点
・○2項目＋●1項目……………4点
・○3項目＋●1項目……………5点

　以上②③の作成過程が、フィデリティ尺度の開発である。フィデリティ尺度の開発方法は、スクールソーシャルワーク（以下「SSW」とする）研究者およびSSW実践家を含めた研究室メンバーでの議論、全国自治体におけるプログラム試行調査結果によるものである。

2) 調査対象とデータ収集

調査票は、教育委員会担当者用を「効果的なSSWer配置プログラムのあり方研究会」に参画している88自治体に計178枚、SSWerは同じく参画している93自治体（教育委員会担当者が参画していなくとも、SSWerのみで参画している自治体もあり）に計457枚、郵送にて配布した。教育委員会担当者用・SSWer用いずれの調査票も、各自治体の教育委員会担当者あるいはスーパーバイザー（以下、「SVr」とする）宛に送付し、自治体内で配布してもらった。各調査票には返信用封筒を添え、郵送にて回収した。12〜1月の調査は6〜9月の調査結果と比較を行うため、6〜9月の調査において教育委員会担当者・SSWerいずれも1名以上の調査票を回収した自治体に限定して実施した。

以下、今までまとめてきた論文、報告書を改訂して記述する（山野ほか2014b）。なお、調査実施にあたっては所属機関の倫理委員会の承認を受けた。

2. 試行調査の結果

1) 単純集計

各調査における調査票の配布数および回収数は右の表6-1、表6-2のようになった。

この調査は2013年度以降の完成モデル作成に向けての試行調査であり、さらなるマニュアル活用や調査を進めていく土台となるものである。枚数は、6〜9月調査では教育委員会担当者用を178枚配布し51枚回収（回収率28.7％）、SSWer用を457枚配布し147枚回収（回収率32.2％）であった。12〜1月調査では教育委員会担当者用を109枚配布し35枚回収（回収率32.1％）、SSWer用を256枚配布し95枚回収（回収率37.1％）であった。

研究会参画自治体であるにもかかわらず回収数が少ないのは、参加自治

表6-1　調査票配布自治体数と回収自治体数

	2013年度6～9月実施		2013年度12～1月実施	
	配布自治体	回収自治体	配布自治体	回収自治体
教育委員会担当者	88	39	38	26
SSWer	93	47	38	27

出所：山野ほか（2014a）

表6-2　調査票配布枚数と回収枚数

	2013年度6～9月実施		2013年度12～1月実施	
	配布枚数	回収枚数	配布枚数	回収枚数
教育委員会担当者	178	51	109	35
SSWer	457	147	256	95

出所：山野ほか（2014a）

体が都道府県の場合、都道府県内の市町村に配布しており、回答者が研究会に参加している者のみではないためと思われる。

　以下、具体的な結果を示していくが、まずは教育委員会担当者を対象に行った調査の結果を見ていく。教育委員会担当者を対象に実施した調査結果では、事業実施予算別に見た自治体数は以下の通りであった（表6-3）。事業の実施主体は、都道府県・指定都市・中核市となっており、間接補助事業として行う場合は市町村となっている（文部科学省2013b）。

　6～9月実施、12～1月実施のいずれも、都道府県予算でSSWer活用事業を実施している自治体の教育委員会担当者が最も多かった。ただし、6～9月実施時にはこの設問に対し回答がなかった調査票も多い。

　また、SSWerを対象に実施した調査結果では、配置形態別、採用主別に見た回答者数はそれぞれ以下のようであった（表6-4、表6-5）。配置形態は、この試行調査では「配置型」と「派遣型」の2つの選択肢を設け、回答に選択した学校においてどちらの配置形態に該当するかを回答してもらった。

　配置形態別の回答者数では、いずれも派遣型が多く、配置型と派遣型の

表6-3　事業実施予算別回答者数

	2013年度6〜9月実施		2013年度12〜1月実施	
	回答者数 (回答自治体数)	パーセンテージ	回答者数 (回答自治体数)	パーセンテージ
政令指定都市予算	3	5.9%	5	14.3%
都道府県予算	20	39.2%	17	48.6%
市町村予算	12	23.5%	11	31.4%
無回答	16	31.4%	2	5.7%
計	51	100.0%	35	100.0%

出所：山野ほか（2014a）

表6-4　配置形態別回答者数

	2013年度6〜9月実施		2013年度12〜1月実施	
	回答者数	パーセンテージ	回答者数	パーセンテージ
配置型	47	32.0%	33	34.7%
派遣型	100	68.0%	62	65.3%
計	147	100.0%	95	100.0%

出所：山野ほか（2014a）

表6-5　採用主別回答者数

	2013年度6〜9月実施		2013年度12〜1月実施	
	回答者数	パーセンテージ	回答者数	パーセンテージ
政令指定都市採用	13	8.8%	7	7.4%
国事業採用	50	34.0%	33	34.7%
自治体採用	56	38.1%	45	47.4%
無回答	28	19.0%	10	10.5%
計	147	100.0%	95	100.0%

出所：山野ほか（2014a）

　構成割合は6〜9月実施時と12〜1月実施時でほぼ同程度となっている。また、採用主別にみるといずれも自治体採用の回答者が多く、次いで国事業採用となっている。
　次に、教育委員会担当者から得られたデータのみの結果を示す。以下に、

レーダーチャートの結果のプログラム項目がプロセス評価のどの項目に当たるかがわかりやすいように、上段に修正モデル：組織計画を示す（図6-1）。

2）教育委員会担当者プログラム実施度：全体

図6-1の「A-1」「A-2」……と続く番号がプログラム項目であり、これから示す図の「A-1」「A-2」……はこれに対応している。それぞれのプログラム項目の下位に質問項目（効果的援助要素）が含まれている。

図6-2から、12〜1月実施の方が6〜9月実施時よりもわずかながら得

図6-1　修正モデル：プロセス理論（組織計画）

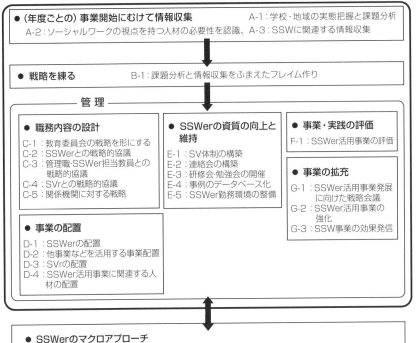

出所：山野ほか（2013b）

図6-2　教育委員会担当者プログラム実施度　全体平均

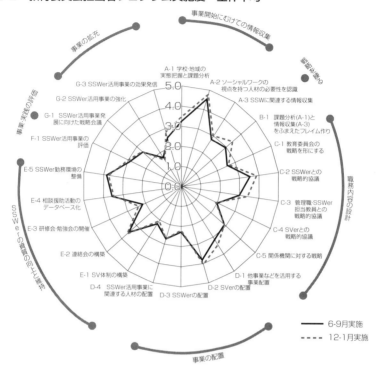

出所：山野ほか（2014a）を改変

点が高くなっている項目が多く見られ、教育委員会担当者がマニュアルに従って活動することで効果的な行動につながっていると考えられる。特にB-1「課題分析と情報収集をふまえたフレイムづくり」、C-3「管理職、SSWer担当教員との戦略的協議」は他の項目に比べ12〜1月に得点が大幅に上がっており、さまざまな戦略を練ることの重要性が認識され、活動につながっていると考えられる。

図6-3から、予算にかかわらず得点が4.0点を超えてよく実施している項目はA-2「ソーシャルワークの視点をもつ人材の必要性を認識」であり、ソーシャルワーク（以下、「SW」とする）の視点をもつ人材の必要性が認識

図6-3 教育委員会担当者プログラム実施度　予算枠別平均

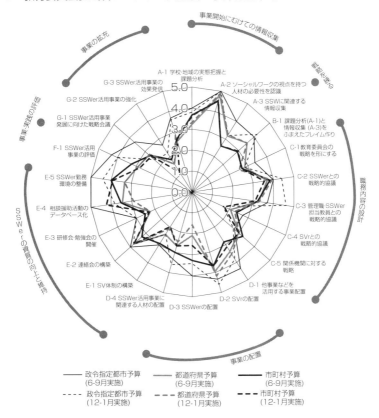

出所：山野ほか（2014a）を改変

されている。反対に、いずれも得点の低い項目はG-2「SSWer活用事業の強化」であり、事業の強化を行うことに困難を生じていると思われる。この2点とも、2012年度の全国調査実施結果と共通している。予算別に見ると、必ずしも12〜1月の方が6〜9月よりも得点が高くなっているとは言えない状況であることがわかる。特に政令指定都市はいずれの時期も回答者数が少ないため、平均値が一部の回答に大きく影響を受けていることが考えられる。

3) SSWerプログラム実施度：全体

次に、SSWerから得られたデータのみの結果を示す。図6-4は、レーダーチャートの結果の項目がプロセス理論のどの項目に当たるかわかりやすいように上段に修正モデル：サービス利用計画の図を示す。

図6-4　修正モデル：プロセス理論（サービス利用計画）

教育委員会への アプローチ	学校組織への アプローチ	関係機関・関係者・ 地域へのアプローチ	子ども・保護者への アプローチ
	A-1: 学校アセスメント(さまざまな資源を活用して学校の状況を把握する)		
	A-2: 地域アセスメント(さまざまな資源を活用して地域の状況を把握する)		
	A-3: 潜在的ニーズの発見		
	A-4: 戦略を立てる	C-1: 関係機関・関係者・地域への基本的な活動	
	A-5: 教員のニーズに沿う		
	A-6: 相談活動の推進		
B-1: 教育委員会担当者へ定期的に報告・連絡・相談、学校との調整	A-7: 子ども・保護者の共同アセスメント		D-1: 子ども・保護者のアセスメント
	A-8: 関係機関と学校の仲介		
B-2: ケース会議に向けた戦略	A-9: ケース会議実施前の活動	C-2: ケース会議実施前の活動	
	A-10: ケース会議の実施（インテーク、情報収集・整理）		
	A-11: ケース会議の実施（アセスメント、プランニング、モニタリング）	C-3: ケース会議実施中および実施後の活動	※E-1、E-2: SSWerとしての基本的な姿勢 H-1〜H-7は組織計画の図に入っています。
	A-12: ケース会議ではない場面によるケース会議実施後の活動		
	A-13: 様々なケース会議の実施		
	A-14: プランの実行		D-2: プランの実行
	A-15: モニタリング		D-3: モニタリング

出所：山野ほか（2013b）

図6-4の「A-1」「A-2」……と続く番号がプログラム項目であり、これから示す図の「A-1」「A-2」……はこれに対応している。それぞれのプロ

図6-5　SSWerプログラム実施度　全体平均

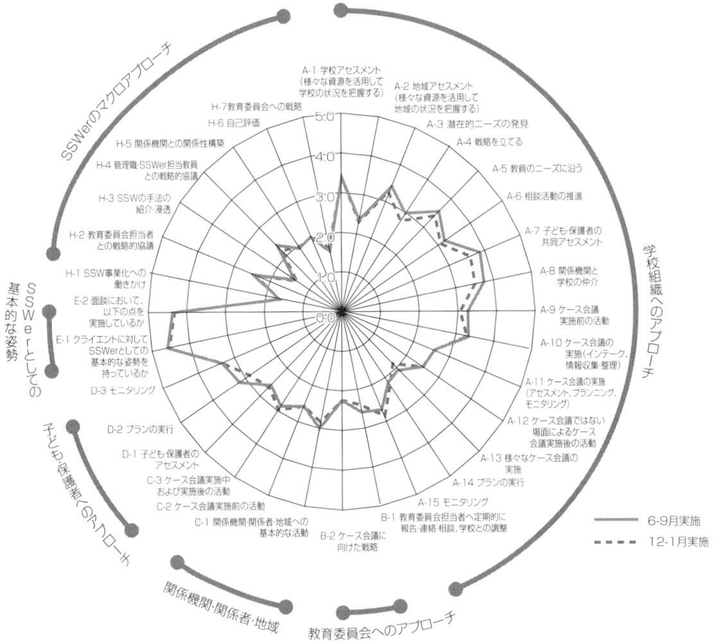

出所：山野ほか（2014a）を改変

グラム項目の下位に質問項目（効果的援助要素）が含まれている。

　回答者全員の結果を月別に示したのが図6-5である。ここから、SSWerの実践は6～9月調査時と12～1月調査時とで大きな差がないことがわかる。プログラム項目によっては、12～1月時の方が得点が低くなったものもあった。

　図6-6は、配置形態別のプログラム実施度を示している。派遣型では6～9月と12～1月とでプログラム実施度はほぼ変わらない、あるいは12～1月時の方が6～9月時よりも少し低くなっている。配置型では特に、A-10「ケース会議の実施（インテーク、情報収集・整理）」、A-11「ケース会議の実施（アセスメント、プランニング、モニタリング）」、A-12「ケース会議

図6-6　SSWerプログラム実施度　配置形態別平均

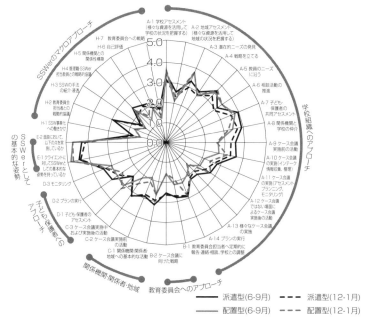

出所：山野ほか（2014a）を改変

ではない場面によるケース会議実施後の活動」、A-15「モニタリング」が12〜1月には大きく得点を伸ばしており、A「学校組織へのアプローチ」のなかでもケース会議に関するさまざまな実践がよく行われるようになっていることが見て取れる。

　また、6〜9月と12〜1月いずれの時期においても派遣型の方が配置型より得点の高い項目はA-9「ケース会議実施前の活動」、B-2「ケース会議に向けた戦略」、C-1「関係機関・関係者・地域への基本的な活動」、C-2「ケース会議実施前の活動」であり、ケース会議に関する実践の得点が派遣型SSWerの方が高くなっている。このうちA-9、B-2、C-2の3項目は142頁のプロセス理論図（サービス利用計画）（図6-4）を見るとアプローチの対象は異なるが互いに深く関わりのある項目であり、実践のなかで有機

図6-7　SSWerプログラム実施度　採用主別平均

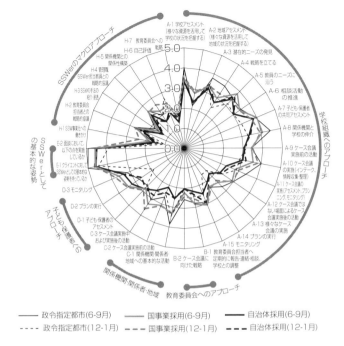

出所：山野ほか（2014a）を改変

的な結びつきを生んでいると考えられる。

次に、採用主別の平均得点を見ると（図6-7）、政令指定都市のSSWerのプログラム実施度が6〜9月時よりも12〜1月時において下がっているように見られるが、いずれの調査時においても回答者数がかなり少ないため、考察の対象とすることが困難である。国事業採用のSSWerと自治体採用のSSWerでは、一定数の回答者が得られた。

国事業採用のSSWerにおいて12〜1月の方が得点の高い項目はA-4「戦略を立てる」、A-10「ケース会議の実施（インテーク、情報収集・整理）」、A-11「ケース会議の実施（アセスメント、プランニング、モニタリング）」、A-12「ケース会議ではない場面によるケース会議実施後の活動」、C-3「ケー

ス会議実施中および実施後の活動」、D-3「モニタリング」、H-1「SSW事業化への働きかけ」、H-5「関係機関との関係性構築」とケース会議に関連する活動を中心に、かなり多くかつ多岐にわたっており、本マニュアルに沿って行動することがSSWerの効果的な活動につながっている。自治体採用のSSWerでは、D-2「プランの実行」とH-4「管理職・SSWer担当教員との戦略的協議」において12～1月の方が得点が高くなっており、プランの実行が促進されているとともに、管理職・SSWer担当教員との戦略的協議がよく行われるようになっている。

3. 教育委員会担当者とスクールソーシャルワーカーのプログラム実施度と効果（アウトカム）との関連

1、2節では、回答した自治体とSSWerそれぞれの特徴と、教育委員会担当者とSSWerのプログラム実施度について示してきた。続くこの節では、それぞれのプログラム実施度がどのような効果（アウトカム）をもたらすのかを明らかにする。

1）では教育委員会担当者のプログラム実施度と効果（アウトカム）との関連、
2）ではSSWerのプログラム実施度とSSWer自身が評価する効果（アウトカム）との関連、
3）ではSSWerのプログラム実施度と効果（アウトカム）との関連
をそれぞれ図表とともに示していく。

すでに第3章でも述べてきたが、アウトカム項目はインパクト理論に基づき作成されている（図3-1）。
　これらのインパクトを測る指標として、インパクト理論を構成するアウ

トカム項目と教育委員会が文部科学省への報告として提出しているものの2種類を活用した。前者を「SSWer自身が評価する効果（アウトカム）」、後者を単に「効果（アウトカム）」と表現する。前者は、第3章で述べてきたアウトカム項目である（Appendix 3、113頁参照）。後者は具体的には、調査票に回答した月と同じ1か月における、支援の対象となった児童生徒数・継続支援対象児童生徒の抱える問題と、支援状況・訪問活動の回数・ケース会議の開催状況などの数値である。これらの項目からプログラム実施度と関連しないと考えられる項目を除外したうえで、残りのアウトカム項目の統合を行った。「不登校解決」と「不登校好転」を合計し「不登校解決・好転」「いじめ解決」と「いじめ好転」を合計し「いじめ解決・好転」「暴力行為解決」と「暴力行為好転」を合計し「暴力行為解決・好転」「家庭環境解決」と「家庭環境好転」を合計し「家庭環境解決・好転」「教職員との関係解決」と「教職員との関係好転」を合計し「教職員との関係解決・好転」「心身の健康／保健に関する問題・解決」と「心身の健康／保健に関する問題・好転」を合計し「心身解決・好転」「発達障害解決」と「発達障害好転」を合計し「発達障害解決・好転」、連携した関係機関8項目を合計し「連携した関係機関等」、連携した校内の教職員7項目を合計し「連携した校内の教職員等」とした。

　なお、ここから示すデータは、すべてSpearman順位相関係数による相関分析を行ったものであり、それぞれの表において相関係数が0.2以上のもののみ示し、0.4以上のものに網掛けをしている。

1）教育委員会担当者のプログラム実施度と効果（アウトカム）との関連

　教育委員会担当者のプログラム実施度と効果（アウトカム）との相関分析を行った。

　紙幅の関係で相関表は12～1月のもののみを掲載し（表6-6）、6～9月については記述のみ行う。

　相関分析の結果、6～9月時の調査ではいくつかの正の相関と負の相関

表6-6 教育委員会担当者プログラム実施度と効果（アウトカム）との相関分析結果：12～1月

プロセス	プログラム項目	アウトカム項目 平均値	SD	不登校 解決・好転	いじめ 解決・好転	暴力行為 解決・好転	児童虐待 解決・好転	家庭環境 解決・好転	教職員との関係 解決・好転	心身 解決・好転	発達障害 解決・好転	連携した 関係機関等	連携した校内の教職員等
				4.54	0.43	0.77	0.60	2.71	0.43	1.43	2.11	32.00	113.43
				9.83	2.20	3.37	1.06	6.19	1.07	4.83	5.25	116.75	287.44
A（年度ごとの）事業期初にむけて情報収集	A-1 学校・地域の実態把握と課題分析	3.43	1.01										
	A-2 ソーシャルワークの視点を持つ人材の必要性を認識	4.80	0.47								.356*		
	A-3 SSWに関連する情報収集	2.97	1.34										
B 戦略を練る	B-1 課題分析（A-1）と情報収集（A-3）をふまえたプレイム作り	3.46	1.42										
	C-1 教育委員会の戦略を形にする	2.57	1.09										
	C-2 SSWerとの戦略的協議	3.86	1.26					.459**					
C 職務内容の設計	C-3 管理職・SSWer担当教員との戦略的協議	3.43	1.44			.336*							
	C-4 SVrとの戦略的協議	1.89	0.93										
	C-5 関係機関に対する戦略	2.91	1.20		.372*								
	D-1 他事業などを活用する事業配置	3.43	1.38										
	D-2 SVrの配置	4.09	1.31										
D 事業の配置	D-3 SSWerの配置	2.09	1.46		.484**		.347*					.420*	.371*
	D-4 SSWer活用事業に関連する人材の配置	2.71	1.34										
	E-1 SV体制の構築	2.00	1.28										
	E-2 連絡会の構築	3.77	1.40										
ESSWerの資質の向上と維持	E-3 研修会・勉強会の開催	2.31	1.23										
	E-4 相談援助活動のデータベース化	3.46	1.88										
	E-5 SSWer勤務環境の整備	3.74	1.34										
F 事業・実践の評価	F-1 SSWer活用事業の評価	3.03	1.12										
	G-1 SSWer活用発展に向けた戦略会議	2.63	1.09										
G 事業の拡充	G-2 SSWer活用事業の強化	1.49	0.78										
	G-3 SSWer活用事業の効果発信	2.89	1.23										

出所：山野ほか（2014a）
** $p<.05$, * $p<.10$

が得られた（相関については4章4節の1）に説明している）。

　不登校の解決と好転にはD-2「他事業などを活用する事業配置」とG-3「SSWer活用事業の効果発信」とが強い関連があり、良い影響を及ぼしている。本マニュアルでは他事業などを活用する事業配置として、例えば、SSWer単独で置くのではなくスクールカウンセラー活用事業、家庭教育支援事業などとチームとして機能するよう事業連携させて配置しているところや校内体制に位置づけて置いている方が、効果（アウトカム）が出ていると言える。

　また、SSWer活用事業の効果発信を行うことで、その効果（アウトカム）を実感し学校組織としてもSSWerをよりよく活用しようという動きが生じたと考えられる。

　その他、負の相関が生じている項目については、活動をしても望ましくない結果が出てしまっているように見える。負の相関を生じた理由として、6～9月の調査ではインパクトを測定する項目への回答がかなり少なかった（例：「不登校解決・好転」の回答者：13名、「いじめ解決・好転」の回答者：9名　など）ために、よく活動していても問題解決に至っていないという一部の回答に大きな影響を受けてしまったと考えられる。また、SD（標準偏差）の値が大きいことから少ない回答がさらに広くばらついていること、1つのプログラム項目を実施するだけでなく複数のプログラム項目を同時に実施してはじめて効果（アウトカム）をもたらすものであるという説明も考えられ、今後のマニュアル改善と蓄積データの扱い上、留意する必要がある。

　一方、12～1月の調査結果では、いくつかの項目で正の相関が得られ、負の相関は見られない（表6-6）。本マニュアルに沿った活動を行うことで、良い結果へとつながっている。12～1月の調査では回答者全体の人数は少なくなっているものの、アウトカム項目への回答者数は6～9月時に比べ一定数得られており（例：「不登校解決・好転」の回答者：35名、「いじめ解決・好転」の回答者：35名など）、信頼に値する結果であると言えよう。

Aの事業開始に向けて情報収集をするプロセスでは、A-2「ソーシャルワークの視点をもつ人材の必要性を認識」の項目が発達障害の解決・好転につながり、A-3「SSWに関する情報収集」が家庭環境の解決・好転につながっている。A-2「ソーシャルワークの視点をもつ人材の必要性を認識」のプログラム項目は平均得点がかなり高く、SD（標準偏差）も小さいことから、多くの自治体においてSWの視点の必要性が認識されているといえる。発達障害の問題については近年ますます複雑化し発達障害を疑われる事例が増え、家族との調整の難しさを教員は抱いている。家庭に介入するSWの視点へのニーズが高まっており、その重要性が認識されていると考えられる。A-3「SSWに関する情報収集」が家庭環境の解決・好転につながることについては、児童虐待や子どもの貧困など学校では対応困難な家庭が増加し、社会福祉やSSWに関する情報収集を行うことで、学校が対応の幅を増やし家庭環境の問題が解決に導かれるという効果（アウトカム）が生じていると考えられる。

　Cの職務内容の設計をするプロセスでは、C-3「管理職・SSWer担当教員との戦略的協議」が暴力行為の解決・好転につながり、C-5「関係機関に対する戦略」がいじめの解決・好転につながっている。暴力行為は学校では重点課題であり、管理職やSSWer担当教員との作戦会議によって学校全体の方針を統一させるような動きになることが重要であろう。またいじめ問題は外に開くことが重要で、関係機関に対する戦略を練ることでSSWerが認知され、学校との協力関係が広がっていくものと考えられる。これらは、今回の調査では強い関連を示しているわけではないが、プログラム実施度の平均得点があまり高くないことも考慮すると、今後さらに実践を行うことで、アウトカム項目の得点も高くなる、すなわち解決・好転のよりよい結果につながると考えられる。

　D「事業の配置」のプロセスでは、D-3「SVrの配置」がいじめの解決・好転と児童虐待の解決・好転につながり、連携した関係機関と連携した校内の教職員の数も多くなっていた。SSWerのみが活動を行うのではなく、

自治体においてスーパービジョン（以下「SV」とする）体制が整い、活動への助言や体制作りにアドバイスなどが得られる環境では、ミクロの事例の問題解決だけではなく、連携する関係機関などマクロの体制整備にまでよい影響を及ぼせる可能性があると考えられる。

2014年度、子どもの貧困対策法の大綱においてSVrを各都道府県に1名ずつ設置することが掲げられている。これが達成されればD-3「SVrの配置」をはじめとするプログラム項目の得点が高くなることが予想され、よりよい効果（アウトカム）をもたらすのではないかと考える。

2) SSWerのプログラム実施度とSSWer自身が評価する効果（アウトカム）との関連

次に、SSWerのプログラム実施度とSSWer自身が評価する効果（アウトカム）との関連を示す。アウトカム項目に対する回答は5段階の選択式ではなく人数や回数などの実数記入としたが、その回答をそのまま使用して分析した。なお、紙幅の関係で相関表は12～1月のもののみを掲載し（表6-7）、6～9月については記述のみ行う。

相関分析の結果、6～9月時調査においては、かなり多くの項目で、プログラム項目とアウトカム項目との正の相関が得られた。アウトカム項目のうち10項目以上と強い関連が見られた項目は、A「学校組織へのアプローチ」に含まれる項目すべて（A-1～A-15）、C-1「関係機関・関係者・地域への基本的な活動」、C-3「ケース会議実施中および実施後の活動」、D「子ども・保護者へのアプローチ」に含まれる項目すべて（D-1～D-3）、H-4「管理職・SSWer担当教員との戦略的協議」、H-5「関係機関との関係性構築」の合計22項目に及んだ。

SSWerが学校組織に働きかけること、関係機関・関係者・地域に働きかけること、ケース会議に関連するさまざまな活動、子ども・保護者に働きかけること、管理職・SSWer担当教員との連携や話し合い、関係機関との関係性を築くことなど、非常に多岐にわたる活動が、広く全体的な効果

表6-7 SSWerプログラム実施度とSSWer自身が評価する効果（アウトカム）との相関分析結果：12〜1月

ステークホルダー	プログラム項目	アウトカム項目 平均値	SD	つながり	認識	状況	協働認識	専門性理解	専門性発揮	早期対応	QOL	情報共有	ストレス減少	安心感	対等感	連携
				5.75	3.91	1.98	4.14	2.27	1.77	3.19	1.25	2.15	6.02	3.88	4.81	0.57
				5.93	3.59	2.57	3.02	3.08	2.64	3.45	3.14	1.94	12.78	3.87	5.03	0.86
A学校組織へのアプローチ	A-1 学校アセスメント（様々な資源を活用して学校の状況を把握する）	3.35	1.42	.299**	.435**	.253*	.459**	.376**	.330**	.287*	.397**		.346**	.445**		.57
	A-2 地域アセスメント（様々な資源を活用して地域の状況を把握する）	2.33	1.50	.439**	.242*	.275**	.322**	.326**		.231**	.254*	.353**	.384**	.357**	.418**
	A-3 潜在的ニーズの発見	3.25	1.42	.381**	.463**	.374**	.448**	.357**	.254**	.572**	.454**		.555**	.623**	.417**
	A-4 戦略を立てる	2.76	1.46	.452**	.323*	.352*	.309**	.425**	.367**	.339**	.289*	.286*	.245*	.373**	.419**	.358**
	A-5 教員のニーズに沿う	3.41	1.43	.336**			.280*					.381**		.305**	
	A-6 相談活動の推進	3.06	1.41	.341**	.396**	.275*	.337**	.344**	.345**	.485**	.417**	.414**	.433**	.529**	.448**
	A-7 子ども、保護者の共同アセスメント	3.59	1.38	.395**	.244*		.276*	.331**	.309**	.282*		.391**		.275*	.260*
	A-8 関係機関と学校の仲介	3.54	1.56	.428**	.284**	.352**	.292**	.355**				.337**	.275*	.289*	.458**	.460**
	A-9 ケース会議準備の活動	3.04	1.60			.357**	.312**	.262*	.302*		.308**	.325**	.240*	.384**	.393**
	A-10 ケース会議の実施（インテーク、情報収集、整理）	3.29	1.62	.390**		.359**	.268*	.400**	.342**	.232*			.285*		.299*
	A-11 ケース会議の実施（アセスメント、プランニング、モニタリング）	2.58	1.44	.411**	.279*	.481**	.346**	.527**	.503**		.266*		.235*	.309**	.460**
	A-12 ケース会議ではない場面におけるケース会議機能の実施	2.53	1.37	.338**	.313**	.580**	.327**	.471**	.283**	.231*			.335**	.439**	.421**
	A-13 様々なケース会議の実施	1.85	1.27	.462**		.489**	.242*	.396**	.314**				.385**	.393**	.505**
	A-14 プランの実行	2.22	1.05	.255*	.352**	.379**	.247*			.251**	.273*	.323**		.342**		
	A-15 モニタリング	2.87	1.52	.337**	.296**	.374**	.256*	.388**	.343**	.256**		.280*	.265*	.307**	.307**	.302*
B教育委員会へのアプローチ	B-1 教育委員会担当者へ定期的に報告・連絡・相談、学校の調整	2.41	1.40	.243*		.327**									.327**
	B-2 ケース会議に向けた調整	2.27	1.43	.250*		.314**			.255*			.237*			.388**	.393**
C関係機関・関係地域へのアプローチ	C-1 関係機関・関係者・地域への基本的な活動	2.84	1.53	.446**	.275*	.396**	.315**	.310**		.255*	.303*	.282*	.248*	.349**	.367**	.432**
	C-2 ケース会議実施前の活動	2.56	1.61	.400**		.424**		.372**	.287*			.264*			.367**	.501**
	C-3 ケース会議実施中および実施後の活動	3.00	1.66	.489**		.257*		.323**	.284*			.276*				.335**
D子ども保護者へのアプローチ	D-1 子ども、保護者のアセスメント	2.67	1.57	.311**	.364**	.322**	.297**	.383**		.335**			.271*	.405**	.334**	
	D-2 プランの実行	2.85	1.57	.316**	.302**	.422**				.246*		.279*	.270*	.368**	.486**	.363**
	D-3 モニタリング	3.39	1.50	.378**	.286*	.387**	.392**	.321**				.274*			.554**	.284*
E SSWerとしての基本的な姿勢	E-1 クライエントに対してSSWerとしての基本的な姿勢を持っているか	4.55	1.01													
	E-2 面接において、以下の点を実施しているか	4.32	1.22	.263*		.342**							.248*	.358**	.269*	.256*
H SSWerのマクロ実践	H-1 SSW事業の学校への働きかけ	1.63	1.28					.317**	.380**	-.283*					.302*	.471**
	H-2 教育委員会担当者との継続的な協議	2.54	1.56													
	H-3 SSW の手法の紹介・浸透	1.36	0.89			.464**	.258*	.298**			.302**		.291*	.391**	.373**
	H-4 管理職・SSWer担当教員との協議	2.16	1.33	.329**	.403**	.242*	.342**	.245*					.320**	.344**	.293*
	H-5 関係機関との継続性協議	1.95	1.31	.279**		.337**			.412**					.351**		.491**
	H-6 自己評価	2.05	1.33		.334**		.256**									.316**
	H-7 教育委員会への戦略	1.66	1.20												.297*	.417**

出所：山野ほか (2014a)
** p<.05、 * p<.10

（アウトカム）を生み出すことにつながっていた。

　プログラム項目の平均得点と併せて考えると、A-7「子ども・保護者の共同アセスメント」（3.88点）やA-8「関係機関と学校の仲介」（3.75点）のように得点が4.0点に近く、すなわち比較的よく実施されていると思われるプログラム項目と、A-13「さまざまなケース会議の実施」やA-14「プランの実行」、H-5「関係機関との関係性構築」のように2.0点前後であり比較的実施されていないと思われるプログラム項目とがあり、両者ともが効果（アウトカム）に関連している。前者の、すでに比較的よく実施された効果（アウトカム）に関連している項目については、その活動状況を維持していくことが重要であるが、後者の比較的実施されていない項目については、より活動を促進することでアウトカムの得点も高くなると推測される。

　反対に、アウトカム項目のうち正の相関が3項目以下にとどまった項目はE-1とE-2「SSWerとしての基本的な姿勢」、H-1「SSW事業化への働きかけ」、H-2「教育委員会担当者との戦略的協議」、H-7「教育委員会への戦略」の5項目であった。これらのうち、得点の偏りに起因していると考えられるプログラム項目も多い。

　E-1およびE-2の「SSWerとしての基本的な姿勢」のプログラム項目については平均得点がそれぞれ4.63点、4.41点とかなり高く、同時にSD（標準偏差）が0.77点と1.06点と小さいことから、多くの自治体においてばらつきがなく非常によく実施されている項目であることがわかる。また、H-1「SSW事業化への働きかけ」、H-7「教育委員会への戦略」はそれぞれ平均得点が1.62点、1.53点と低く、多くの自治体においてあまり実施されていないプログラム項目であることがわかる。これらの項目については回答が高い方に偏ったり低い方に偏ったりしてしまったため、アウトカム項目の得点に違いがあっても、統計学上、関連が示されなかったと考えられる。

　12〜1月の調査結果においても、かなり多くのプログラム項目におい

てアウトカム項目との正の相関が得られた（表6-7）。アウトカム項目のうち10項目以上と正の相関があった項目は、A-2「地域アセスメント」、A-3「潜在的ニーズの発見」、A-4「戦略を立てる」、A-6「相談活動の推進」、A-8「関係機関と学校の仲介」、A-11「ケース会議の実施（アセスメント、プランニング、モニタリング）」、A-12「ケース会議ではない場面によるケース会議実施後の活動」、A-14「プランの実行」、A-15「モニタリング」、D-3「モニタリング」であった。

　6〜9月時の結果と同様に広い活動が多くの効果（アウトカム）をもたらしている。SSWerが学校組織に対して働きかけること、子ども・保護者へのアプローチのうちモニタリングをよく行うことが、全体的な効果（アウトカム）につながっていた。

　反対に、アウトカム項目のうち3項目以下との関連にとどまった項目はE-1とE-2「SSWerとしての基本的な姿勢」、H-6「自己評価」、H-7「教育委員会への戦略」の4項目であった。これらの項目では実践を行っても効果（アウトカム）をもたらさないということではなく、図6-5に見るように、E-1とE-2では全体平均得点がかなり高く回答者全体が高い得点にかたまっており、H-1、H-2、H-7では逆に低い得点に回答者がかたまっているためである。

　具体的に述べると、6〜9月時の結果とほぼ同じであるが、E-1とE-2「SSWerとしての基本的な姿勢」はそれぞれ4.55点と4.32点、SD（標準偏差）が1.01点と1.22点であり、回答者が全体的に得点の高い方に偏っていると思われる。H-6「自己評価」、H-7「教育委員会への戦略」はそれぞれ平均得点が2.05点と1.66点となっており、得点の低い方に偏っている。このため、アウトカム項目には違いはあっても、統計学的には関連があるとみなされなかった。

　6〜9月時の結果と12〜1月時の結果とを比較すると、まず、関連している項目が減少している。プログラム項目の得点は6〜9月時と12〜1月時とでほとんど変わっておらず、アウトカム項目については得点がやや

低くなっている。実際ほかの調査でも、当初よりも意識が高くなるために評価が厳しくなることが示されており、揺れてしまう自身の評価の限界もあるであろう。また、試行調査は、学校が1年単位であることを考えると1年で完結する必要があり、変化を見るには難しい等の課題が見られた。

ただ、そのなかでもアウトカム項目の「つながり」は6〜9月時よりも12〜1月時において関連のあるプログラム項目が増加しており、特に相関係数が0.4以上の強く関連があったプログラム項目がかなり増加している。関連のあるプログラムは学校組織へのアプローチのなかの特にケース会議実施に関するさまざまな活動であり、ケース会議を効果的に実施することがケース会議以外においてのつながりを生んでいるという、ポジティブな効果（アウトカム）が認められる結果であると言える。

また、インパクト理論（図3-8）に見るように、「つながり」はインパクト理論の近位アウトカムとして早い段階で生じる。インパクト理論は、比較的即時に期待される「つながりの変化」から「子どものQOLの向上」という時間のかかる変化までの一連のアウトカム項目の因果関係の流れが示されているなかの、比較的早く期待できるアウトカム項目がその先にあるアウトカム項目に影響するという関係を示している。つまり、最初の「つながり」において多くの関連するプログラム項目が見られたとことは、その後のアウトカムに対して良い影響を及ぼす可能性がある。

3) SSWerのプログラム実施度と効果（アウトカム）との関連

SSWerの実践が具体的な問題解決に関する効果（アウトカム）とどの程度関連しているかを検討するため、SSWerの実施データと自治体が集約している問題解決の数値データを自治体ごとにマッチングさせたデータを作成した。SSWerの実施度、問題解決の数値データの双方の回答がある自治体のみを分析対象としたところ、6〜9月調査では35自治体、12〜1月調査では24自治体となった。結果を以下に示す。なお、表6-6で示したものと同様、一部項目の除外と統合を行っている。なお、紙幅の関係で相

関表は12〜1月のもののみを掲載し（表6-8）、6〜9月については記述のみ行う。

相関分析の結果、6〜9月時調査においては、ある程度の項目で正の相関が見られ、一部では負の相関も見られた。アウトカム項目のうち4項目以上と関連があった項目はA-1「学校アセスメント」、A-3「潜在的ニーズの発見」、D-1「子ども・保護者のアセスメント」であった。

学校組織へのアプローチのうちではアセスメントや潜在的ニーズの発見、また子ども・保護者のアセスメントといった活動の最初に踏まえるべき段階をよく行っていると、問題解決やよりよい連携につながりやすい。これらの関連があったアウトカム項目4つは共通しており、「家庭環境解決・好転」「教職員との関係解決・好転」「連携した関係機関等」「連携した校内の教職員等」であった。校内教職員や機関との連携が進む結果をもたらすことができたのは、教育委員会がSSWer活用事業の目標として上位に示した、校内のチーム対応、関係機関との連携に合致するものであったといえる。また家庭環境の改善はSSWerの役割でもあり、教職員と子どもとの関係性が変わることも、関係性に着目して支援を行うエコロジカルアプローチを用いて対応する社会福祉の機能が効果（アウトカム）をもたらしたと考えられよう。

また、プログラム項目の面から考えても、学校や地域、子ども・保護者のアセスメントをして状況をよく把握することや潜在的なニーズを知ることは、それ以降に行う活動の前提となるべき部分であり、したがって後の活動に対し良い影響をもたらすと考える。つまり、SSWerがこれらの実践を本マニュアルに沿って行っていくことが、問題解決としての効果（アウトカム）にもつながっていく。今後のマニュアル実施において、効果（アウトカム）のゴールを意識して実践をしていく必要がある。

一方で負の関連が見られた項目はB-2「ケース会議に向けた戦略」とH-2「教育委員会担当者との戦略的協議」であったが、いずれも図6-5に見られるように平均点が低く、回答者の多くが低い得点に偏ったと考えら

表6-8 SSWerのプログラム実施度と効果（アウトカム）[1]との相関分析結果：12〜1月

ステークホルダー	プログラム項目	アウトカム項目 平均値	SD	不登校 解決・好転	いじめ 解決・好転	暴力行為 解決・好転	児童虐待 解決・好転	家庭崩壊 解決・好転	教職員との関係 解決・好転	心身 解決・好転	発達障害 解決・好転	連携した関係機関	連携した校内の教職員等
		4.54	1.42	.43	.77	.60	2.71	.43	1.43	2.11	32.00	113.43
		9.83	1.50	2.20	3.37	1.06	6.19	1.07	4.83	5.25	116.75	287.44
A 学校組織へのアプローチ	A-1 学校アセスメント（様々な資源を活用して学校の状況を把握する）	3.35	1.42				.209*				.265**	
	A-2 地域アセスメント（様々な資源を活用して地域の状況を把握する）	2.33	1.42	.203**	.291**		.392**	.290**	.265**	.357**	.395**	.335**
	A-3 potential的ニーズの発見	3.25	1.46		.232**		.420**	.272**	.340**	.389**	.408**	.293**
	A-4 計画を立てる	2.76	1.43				.283**	.236**	.222**	.249**	.278**	.227**
	A-5 教員のニーズに沿う	3.41	1.41	.307**	.270**		.301**	.309**	.309**	.317**	.264**	.276**
	A-6 相談活動の推進	3.06	1.38	.234**								
	A-7 子ども・保護者の共同アセスメント	3.59	1.56									
	A-8 関係機関と学校の仲介	3.54	1.60					.228**	.292**		.228**	
	A-9 ケース会議実施前の活動	3.04	1.62					.254**	.262**		.215**	
	A-10 ケース会議の実施（インテーク 整理）	3.29	1.44						.236**		.189**	
	A-11 ケース会議（アセスメント、プランニング、モニタリング）	2.58	1.37									
	A-12 ケース会議ではない場面によるケース会議前後の活動	2.53	1.27						.247**		.267**	
	A-13 様々なケース会議の実施	1.85	1.05									
	A-14 プランの実行	2.22	1.52	.305**								
	A-15 モニタリング	2.87										
B 教育委員会へのアプローチ	B-1 教育委員会担当者へ定期的に報告・連絡・相談、学校との調整	2.41	1.40		-.291**		-.240**	-.200*	.231**	.213*		-.217**
	B-2 ケース会議に向けた戦略	2.27	1.43		-.250**		-.224**	-.254**				
C 関係機関、関係者地域へのアプローチ	C-1 関係機関・関係者・地域への関係的な働きかけ	2.84	1.53						.225**			
	C-2 ケース会議実施前の活動	2.56	1.61						.272**		.251**	
	C-3 ケース会議実施中および実施後の活動	3.00	1.66									
D 子ども・保護者へのアプローチ	D-1 子ども・保護者のアセスメント	2.67	1.62	.213*								.208*
	D-2 プランの実行	2.85	1.57									
	D-3 モニタリング	3.39	1.50									
E SSWerとしての基本的な姿勢	E-1 クライエントに対してSSWerとしての基本的な姿勢を持っているか	4.55	1.01	.236**								
	E-2 面接において、以下の点を実施しているか	4.32	1.22	.296**								
HSSWerのマクロアプローチ	H-1 SSW事業化への働きかけ	1.63	1.28									
	H-2 教育委員会担当者との継続的協議	2.54	1.56		-.250**			-.225**				-.228**
	H-3 SSWの手法の拡がりへの浸透	1.36	0.89									
	H-4 管理職・SSWer担当教員との継続的協議	2.16	1.33				.238**				.299**	
	H-5 関係機関との関係性概要	1.95	1.31									
	H-6 自己評価	2.05	1.33								.317**	
	H-7 教育委員会への報告	1.66	1.20									

注1）ここでの「効果（アウトカム）」は、教育委員会が文部科学省への報告として提出している行政指標を指す
出所：山野ほか（2014a）
** p<.05、* p<.10

れ、したがってアウトカム項目の得点に違いがあっても、統計学的な関連があったとはみなされなかった。

　12～1月時調査では、6～9月実施時よりも多くの項目で正の相関が見られ、一部では負の相関も見られた（表6-8）。アウトカム項目のうち4項目以上と正の相関があったプログラム項目は、A-3「潜在的ニーズの発見」、A-4「戦略を立てる」、A-5「教員のニーズに沿う」、A-6「相談活動の推進」、A-15「モニタリング」の5項目であり、6～9月調査時よりも多くなっていた。

　この5項目はいずれも、「学校組織へのアプローチ」に含まれる項目であり、6～9月でもアウトカム4項目以上と関連のあったプログラム項目は同じく「学校組織へのアプローチ」に含まれるものが多かった。しかし、6～9月時の結果では学校や地域、子ども・保護者などへのアセスメントや潜在的ニーズの発見といった、活動の比較的準備的な段階が効果（アウトカム）とよく関連していたのに対し、12～1月時の結果では異なっている。12～1月では、アセスメント以降さらに後の段階の、戦略を立て、教員のニーズに沿う、教員に対する相談活動を行うこと、活動後のモニタリングを行うことが効果（アウトカム）と関連している。これは、6～9時の活動が影響していると考えることもできる。

　さらに、関連していたアウトカム項目も6～9月のように「家庭環境解決・好転」「教職員との関係解決・好転」「連携した関係機関等」「連携した校内の教職員等」といった限定的なものではなく、幅広い効果（アウトカム）につながるようになったと言える。

　また、6～9月の調査時同様、B-2「ケース会議に向けた戦略」とH-2「教育委員会担当者との戦略的協議」では効果（アウトカム）に対し負の相関をもたらしており、12～1月時ではB-1「教育委員会担当者へ定期的に報告・連絡・相談、学校との調整」も負の相関を生んでいた。これについても、同じように平均点が低く、得点が低く偏った可能性がある。

4）考察

　試行調査の結果から、以下2点述べる。1点目に、SSWerの評価についてである。概念名は同じであるが、SSWerの効果（アウトカム）について、第4章に示した全国調査ではSSWer自身が自ら評価した主観的なものだけであったのに対し、試行調査では、効果（アウトカム）を客観的に測定可能な値も追加した。結果、明らかな影響を示すことができた。さらに文部科学省に提出する、相談種別ごとの改善件数に対する関連も実証的にあらわすことができた。つまりSSWerがマニュアルに基づいた実践を行うほど改善例が増えたといえる。かつ、マニュアルによる実践を行う以前よりも以後の方が多くアウトカム項目に相関していた。その具体的な内容は関係機関や校内連携に、心身の健康・保健に関する問題や不登校、児童虐待、教職員と子どもの関係性改善、いじめ問題の解決や好転に影響を与えることができているというものである。まさに実証的にSW実践を可視化し、効果（アウトカム）を明確に示したことの意義は大きい。

　2点目は、教育委員会担当者のSSWer配置に関する動きが効果（アウトカム）につながることも明らかにしたことである。マニュアルによる実践を行う事前と事後の比較により、マニュアル活用後で実施度が高くなった項目も複数みられる。効果（アウトカム）との関連が見られたプログラム項目の数も多くなり、課題別に見ると6～9月調査時当初は不登校にしか効果（アウトカム）との関連が見えなかったが、12～1月にはいじめや家庭環境、関係機関との連携に強く影響するようになっていた。暴力行為や児童虐待、発達障害、校内の連携ももたらしている。

　この変化は、先行研究でSSWerが関係機関を広げることに効果（アウトカム）があることを示していたが（山野 2012b）、教育委員会がSSWに対するプログラムをしっかり実行すること、SSWerが効果的援助要素を実践することによって関係機関との連携が増え、具体的な相談に効果（アウトカム）を見せたことに大きな意義がある。教育委員会とSSWerの協働の重要性が、実証的に証明できたと考える（山野 2005）。

資料6-1 SSWer用インパクトチェック用紙

SSWer用インパクトチェック	
※インパクト（SSW実践がもたらす影響）項目は、SSWer個人の達成度を評価するものではなく、可能な限り客観化してSSWの実践との関連を見るものです。	
お願い：SSWerとして関わっている学校のうち1学校について、マニュアルチェックを試行した期間と同じ1か月についてご記入ください。 （期間：　　年　　月　　日　～　　年　　月　　日　） また、★をつけた項目（AとH）については、お手数ですが、学校教員より情報を得てください。よろしくお願いいたします。	
関わっている学校　　　（　小学校　・　中学校　・　高校　）	この1か月のその学校への勤務回数　　　　回
その学校での配置形態　　　（　配置型　・　派遣型　）	その学校での1日あたりの勤務時間　　　　時間
その学校での担当ケース数　　　　　　　　　　　　　件	
A.（学校と関係機関）つながりの変化★	
事例について学校（生徒指導主事などの教員）と関係機関がケース会議以外で相談し合った回数（電話も含む）	回
B.（教員）子ども・家庭への認識変化	
SSWerの担当するケースのうち、子どもと家庭をポジティブにとらえる発言をした教員の数	人
C.（子ども・家庭）状況変化	
SSWerの担当するケースのうち、連絡がとれるようになった保護者の数	人
SSWerの担当するケースのうち、教員に家庭のポジティブな話をした子どもの数	人
D.（教員）協働に対する認識変化　　※「協働」とは、単独では解決できない問題に対して、共通の目的を設定し、その目的を達成するために、複数の専門職が協力関係を通じて共に活動を行うことを指します。	
SSWerの担当するケースのうち、SSWerとの会話の中で、目標を共有し達成しようとしたことが確認できた教員の数　　（例：担当している子どもの小さな変化を共有するようになる、教員以外の支援者の役割を尊重する発言をしているようになる）	人
E.（教員）学校教育に生かせる専門性理解	
SSWerの担当するケースのうち、SSWerとの会話の中で、新しい人材・資源を活用しようとしたことが確認できた教員の数	人
F.（SSWer）学校教育に生かせる専門性発揮	
エコマップ、ジェノグラムなどソーシャルワークのツールを活用して理解を得た教員の数	人
G.（教員）問題行動の早期発見・早期対応	
子どもの少しの変化に気づいてSSWerに声をかけた教員の数	人
H.全体の子どものQOLの向上★	
欠席、遅刻などが減少した子どもの数	人
学校全体での器物破損の数	人
保健室利用が減少した子どもの数	人
I.（学校）情報共有システムの構築	
校内ケース会議の開催回数	回
J.（教員）ストレス減少	
教員同士の和やかな会話を聞いた回数	回
K.（教員）安心感増加	
SSWerに気軽にものごとを相談した教員の数	人
L.（SSWer）対等感の獲得	
教員から電話やメールなど、連絡を受けた回数（気軽なものも含む）	回
教員と協働したと思える場面の数	回
M.（地域）都道府県・市区町村の連携システムの円滑化	
自治体の家庭児童相談室などから相談を受けた事例の数	事例
指導主事、学校関係者とともに都道府県・市町村部局を訪問した回数	回

学校や子ども・保護者の状況や変化について、試行調査と同じ1か月間について回答してもらった。
出所：山野ほか（2014a）

資料6-2 教育委員会担当者用インパクトチェック用紙

教育委員会用インパクトチェックご負担をお避けするため、文科省に報告される同じ内容をインパクトとして活用出来ていただきます。インパクト（SSW実践がもたらす影響）の1項目は、達成度を評価するものではなく、組織計画やSSW実践との関連を見ます。

※インパクト（SSW実践がもたらす影響）1項目は、達成度を評価するものではなく、組織計画やSSW実践との関連を見ます。

1. （　　）月分　　□人
   SSWerとして雇用した実人数

2. 教育機関ごとのSSWerの配置人数
   県教育委員会（教育事務所も含む）　　□人
   市区町村教育委員会　　□人
   小学校　　□人
   中学校　　□人
   高等学校　　□人
   教育支援センター（適応指導教室）　　□人
   その他教育機関　　□人

3. 支援の対象となった児童生徒数

	支援対象児童生徒数（人）	うち継続者（人）	学校数（校）	割合（％）
①小学校				
②中学校				
③高等学校				

4. 継続支援対象児童生徒の抱える問題と支援状況

件数（件）	支援状況（件）			
	自園で対応	他機関に紹介	訪問	その他
①不登校不登校				
②いじめ				
③暴力行為				
④児童虐待				
⑤友人関係の問題（②を除く）				
⑥非行・不良行為（③を除く）				
⑦家庭環境の問題（④を除く）				
⑧教職員等との関係の問題				
⑨心身の健康・保健に関する問題				
⑩発達障害等に関する問題				
⑪その他				

5. 訪問活動の回数
   ①学校　　□回
   ②家庭　　□回
   ③教育支援センター（適応指導教室）　　□回
   ④教育委員会（③を除く所管機関）　　□回
   ⑤その他関係機関　　□回

6. ケース会議の開催状況
   ①教職員とのケース会議数
   ア　開催回数　　□回
   イ　扱ったケース件数　　□件
   ウ　参加教職員数　　□人
   ②関係機関とのケース会議
   ア　開催回数　　□回
   イ　扱ったケース件数　　□件
   ウ　参加教職員数　　□人
   エ　参加関係機関の入人数　　□人

7. 連携した関係機関等
   ①児童家庭福祉の関係機関　　□件
   ②保健・医療の関係機関　　□件
   ③警察等の関係機関　　□件
   ④司法・矯正・更生保護等の関係機関　　□件
   ⑤教育支援センター等の学校外の教育機関　　□件
   ⑥その他の専門機関　　□件
   ⑦地域の人材や団体等　　□件

8. 連携した校内の教職員等
   ①学級担任　　□件
   ②管理職　　□件
   ③生徒指導担当　　□件
   ④養護教諭　　□件
   ⑤その他の教諭　　□件
   ⑥スクールカウンセラー　　□件
   ⑦その他の外部相談員等　　□件

お願い：マニュアルチェックを試行した期間と同じ1か月分（SSWerのチェック開始月から終了月）について記入ください。

出所：山野ほか（2014a）

コラム　山口県での取り組み

山口県社会福祉士会　スクールソーシャルワーク委員会委員長　岩金俊充

　山口県でのSSW事業は、平成20年に県の相談機関である「子どもと親のサポートセンター（不登校、問題行動等の相談）」「ふれあい教育センター（発達や特別支援等の相談）」にSSWer（岩金）が配置されたのが始まりでした。

　平成22年、「SSWer登録派遣事業」が始まり、県社会福祉士会と精神保健福祉士協会が県教委に推薦名簿を提出、一挙に27人のSSWerが誕生しました。しかし「いつ呼ばれるかわからない」という形での稼働でしたので、うまく支援できず苦情の来るケースもありました。県に資質向上のための研修を願いましたが困難とのことで、この年から両士会主催で大阪府立大の山野先生をお招きして研修を始めました。

　平成23年に、県教委から依頼され、「SSWの要請を受けてからの流れ」というガイドラインを作成し、市町教委とSSWerへ配布しましたが、あくまでも私の経験と勘により作成したもので、根拠に基づく支援の必要性を感じていました。

　平成24年から「効果的なSSWer配置プログラムのあり方研究会」に参加させていただきました。ここでは根拠に基づく支援マニュアルを作成していくということで、大きな希望をもちました。この年、県社会福祉士会としても、より資質向上に取り組むためSSW委員会を設立しました。

　平成25年、県内の19市町中の10市町が、初めて専属のSSWerを配置しました。また、センターのSSWerの業務が、市町のSSWerの支援も担う「エリア・スーパーバイザー（SVr）」となり、かつ1名の増員となりました。

早速、4月から2名のSVrで県内のすべての市町教育委員会を訪ね、マニュアルの冊子を持参して「使ってください」と直接お願いをしました。反応は良好で、19市町中18市町に快諾していただけました。
　その年の9月に、山野先生をお招きして、初めての「SSWマニュアルを用いた活用研修会」を開催。平日の16時開始でしたが、参加者の半分が県市町教委でした。SSW研修会にこれだけ多くの教育委員会が参加されたのは初めてのことでした。
　平成25年度のマニュアルチェック（任意）の結果からは、市町教委の強みとして「ソーシャルワークの視点をもつ人材の必要性を認識」が挙がりました。これまでのSSWerの働きかけの成果であると思います。他の項目からも、「教委とSSWerとの協働の良さ」が伺えます。弱みとしては、「SVrの配置や勉強会の開催」「事業の強化」などが出ています。これまで、こうした資質向上の施策がなかったことが表れています。
　SSWerの強みとしては「子どもや保護者の思いを代弁すること」「ケース会議の実施」が挙がりました。これらは、とにかく親子に寄り添い、ニーズの代弁をしていくという姿勢の表れだと思います。山口県のSSWerの特徴は「あえて直接支援を行ってみせる」にあると思っています。ゴミ屋敷状態の家、自転車がないから実習に行けない子、冷蔵庫や洗濯機がない家、親から食事を与えられない子、これらに対してSSWerのメーリングリストに呼びかけ、清掃作業への参加、服や家具・家電などの遊休品やカップラーメンを募り渡す、壊れた自転車を見つけてきては修理して提供するなど、実地に支援をしてきました。「何でそこまでしないといけないのか」と言われた先生や関係機関の方々、支援によって実際に子どもが落ち着いたり、保護者との関係が好転したりするのを目にして士気が上がり、支援と連携に協力していただけるようになりました。関係性を築くための直接支援を見せて、支援者側にも変化を起こすという、小さなソーシャルアクションだと思っています。
　弱みとしては、「さまざまな形のケース会議の実施」や「アセスメント

やモニタリングなど前さばき、後さばき」が挙げられます。現象をシステムとして捉える視点が弱く、経験と勘に頼る支援が裏目に出ていると思われます。ここに気づけるのもマニュアルのおかげです。

　平成26年、今年も4月から、すべての市町教委を回ってマニュアルの活用をお願いしました。10月、県教委の担当者と協議をさせてもらったところ、「SSW事業の資質向上のために、Webによるマニュアルチェックを県として取り組もう」と言っていただきました。現在、県教委から全市町教委を通してログイン用のIDとパスワードが送付され、すべての教委とSSWerがチェックを行っています。また、マニュアルを手書きでチェックするのはとても負担でしたが、Webでの入力は労力を軽減させてくれました。今後は各市町教委を回って「SSWマニュアルを用いた活用研修会」を開催します。

　このWebマニュアルチェックを支援の羅針盤として活用し、多くの子どもたちを救うことができたらと思っています。

第7章　効果的なスクールソーシャルワーク事業プログラムの完成──完成モデル

　この章では、2011年度に作成したスクールソーシャルワーク（以下、「SSW」とする）事業プログラムの仮モデル、2012年度の修正モデル、全国調査と修正モデルに基づく試行調査（2回）、これらと平行して実施した実践家参画型意見交換会（8回）から改訂された最終的なプログラムの完成モデルについて記述する。効果的援助要素と内容の部分については、効果的なスクールソーシャルワーカー配置プログラムのあり方研究会（山野ほか 2014b）で作成した「効果的なスクールソーシャルワーカー配置プログラム実施（改訂版）マニュアル・評価マニュアル～全国調査、試行調査の実証、実践家の議論を経て～」から引用している。

1. インパクト理論

　効果的なSSW事業プログラムのインパクト理論の仮モデル、修正モデルを基に実践家との議論を重ね、プログラムを2回改訂して完成モデル（図7-1）を作成した。完成モデルを作成するにあたり、第5章で述べた実践参画型ワークショップによって、われわれはSSW実践によって起こりうる期待すべき最終ゴールを実践家とともに議論し、実践家の実践知から、インパクト理論の最終アウトカムを子どもと地域に焦点化し、「1人ひとりの子どものQOLの向上／支えあう地域ができる」と定め、最終アウト

図7-1 効果的なスクールソーシャルワーク事業プログラム：インパクト理論

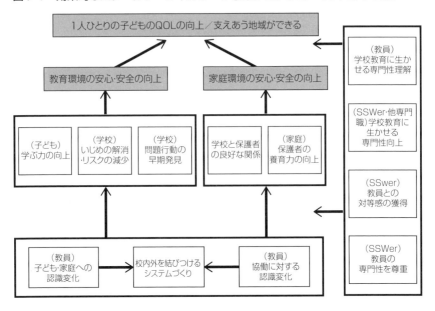

カムを目指す中間アウトカムや下位アウトカムを見直した。

　そして、最終アウトカムに向かうための中間アウトカムを、教育環境と家庭環境という2方向から捉えた。その理由は、最終アウトカムを目指すためには、その基盤となる子どもの居場所である「教育環境の安心・安全の向上」と「家庭環境の安心・安全の向上」の存在なくしては考えられないからである。「教育環境の安心・安全の向上」のアウトカムは、子どもの学ぶ力の向上を図ること、そして、学校内でのいじめの解消やリスクの減少を図ること、問題行動の早期発見を行うことから起こるものである。また、「家庭環境の安心・安全の向上」のアウトカムは、家庭、保護者の養育力の向上すること、さらに家庭だけでなく、子どもの育ちを守るべき学校と保護者が良好な関係を図りながら子どもに関わっていくことで起こるものである。

　中間アウトカムに向かう、下位アウトカムとして、「（教員）子ども・家

庭への認識変化」「（教員）協働に対する認識変化」、それらによって生まれる「校内外を結びつけるシステムづくり」がある。教員単独の変化でなく、仕組みが必要である。これらが、最終アウトカムや中間アウトカムの基盤となるアウトカムである。

さらに、それぞれのアウトカムにスクールソーシャルワーカー（以下、「SSWer」とする）の「教員の専門性の尊重」「教員との対等感の獲得」や、SSWerや他専門職の「学校教育に生かせる専門性向上」、教員の「学校教育に生かせる専門性理解」が影響し合う関係にある。

このように、インパクト理論構築において最終アウトカムを定めることで、中間アウトカム、下位アウトカム、それに影響を与えるSSWer、教員、他専門職の存在を可視化した完成モデルを作成した。

完成モデル作成のプロセスから、最終アウトカムの1人ひとりの子どものQOL向上と支えあう地域ができることは、相互関係にあり、互いのアウトカムの強さに影響し合っていることが見えてきた。また、それぞれのアウトカムに影響を与えるSSWer、教員、他専門職の相互関係がより効果的なアウトカムを生むことも明らかになった。

そして、インパクト理論を可視化したことによって、SSWerの実践の目的が明らかになったことは言うまでもなく、教育現場でソーシャルワーク（以下、「SW」とする）を展開する意義が明確になったと考える。さらに、インパクト理論の最終アウトカムを実現するために、後述する「組織計画」「サービス利用計画」の実施が重要となってくる。それは、第3章でも述べているように、効果的なSSW事業プログラムは、一連のアウトカムを示したインパクト理論とそれを達成するための援助のプロセスであるプロセス理論の2つの理論によって成り立っているからである。

2. プロセス理論

I. 組織計画

　SSW事業プログラムにおける教育委員会によるアプローチを「(年度ごとの) 事業開始に向けた情報収集」「戦略を練る」「管理」の3つの領域に必要とされる効果的援助要素の項目を整理し、効果的なSSW事業プログラム組織計画の完成モデルを作成した (図7-2)。「管理」の領域には「職務内容の設計」「事業の配置」「SSWerの資質の向上と維持」「事業・実践の評価」「事業の拡充」の5つの領域がある。組織計画は以上の8領域からなり、さらに8領域は22項目からなり、134の効果的援助要素から構成される。そして、以上の8領域をより効果的に実施するために、SSWerのマクロアプローチが重要となる。

　以下に、組織計画における8領域22項目の効果的援助要素 (組織計画に、よりよい効果をもたらすうえで重要となる要素) をそれぞれの項目で2例ずつ提示し、その具体的実施内容について説明する。効果的援助要素に使用している語句については、巻末で定義説明を行う。

1)「(年度ごとの) 事業開始に向けた情報収集」の領域
①A-1　学校・地域の実態把握と課題分析
　学校・地域の実態や社会資源の現状を把握・分析し課題を検討することによって、学校や地域のニーズを明確にし、改善に向けての見通しを立てる。
【効果的援助要素と内容】
「児童生徒の問題に対して支援ができる教育委員会内の機関 (適応指導教室、教育センターなど)・人材 (スクールカウンセラー (以下、「SC」とする) 活用事業など) とその相談事例の内容や件数などを具体的に知っている」「児童生徒の問題に対して、支援のできる教育委員会以外の機関 (家庭児童相

図7-2　効果的なスクールソーシャルワーク事業プログラム：プロセス理論（組織計画）

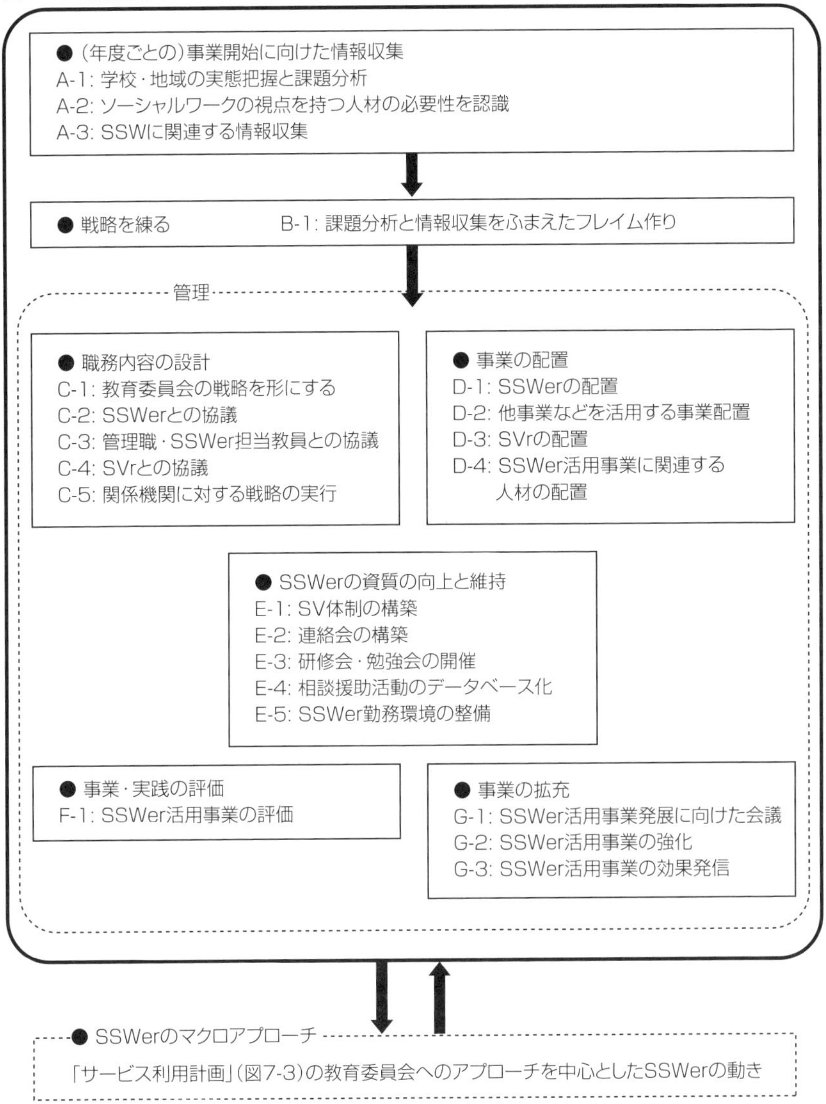

- ●（年度ごとの）事業開始に向けた情報収集
  - A-1: 学校・地域の実態把握と課題分析
  - A-2: ソーシャルワークの視点を持つ人材の必要性を認識
  - A-3: SSWに関連する情報収集

- ● 戦略を練る　　　　B-1: 課題分析と情報収集をふまえたフレイム作り

―管理―

- ● 職務内容の設計
  - C-1: 教育委員会の戦略を形にする
  - C-2: SSWerとの協議
  - C-3: 管理職・SSWer担当教員との協議
  - C-4: SVrとの協議
  - C-5: 関係機関に対する戦略の実行

- ● 事業の配置
  - D-1: SSWerの配置
  - D-2: 他事業などを活用する事業配置
  - D-3: SVrの配置
  - D-4: SSWer活用事業に関連する人材の配置

- ● SSWerの資質の向上と維持
  - E-1: SV体制の構築
  - E-2: 連絡会の構築
  - E-3: 研修会・勉強会の開催
  - E-4: 相談援助活動のデータベース化
  - E-5: SSWer勤務環境の整備

- ● 事業・実践の評価
  - F-1: SSWer活用事業の評価

- ● 事業の拡充
  - G-1: SSWer活用事業発展に向けた会議
  - G-2: SSWer活用事業の強化
  - G-3: SSWer活用事業の効果発信

- ● SSWerのマクロアプローチ
  「サービス利用計画」（図7-3）の教育委員会へのアプローチを中心としたSSWerの動き

談所、児童相談所、福祉事務所など）・人材とその相談事例の内容や件数などを具体的に知っている」ほか、学校・地域の実態や課題について情報収集

を行い、さらに全国と比較し、分析を行う。また、学校・地域の実態把握に基づき上司に改善の必要性を提言し、具体的な改善策を提案する。

②A-2　ソーシャルワークの視点を持つ人材の必要性を認識
　児童生徒の問題を改善するために、学校現場にソーシャルワーカー（以下、「SWer」とする）が必要であることを認識する。
【効果的援助要素】
「教員とは異なる視点で、子どもの側に立って、家族や周りの人にどのように働きかけるかを一緒に考えてくれる人材が必要であると感じる」「学校現場に福祉機関と学校をつないでいく人材が必要であると感じる」など、学校現場に社会福祉の知識や考え方を加えることが必要であると認識する。

③A-3　SSWに関連する情報収集
　全国のSSWer活用事業を視察したり、SSW研修会に参加するなどして、SSWの役割・効果・活動情報などの情報を収集し、SSWer活用事業の実施を検討する。
【効果的援助要素と内容】
「全国のSSWerの活動の情報を収集する担当を教育委員会内に置く」「他の都道府県・市区町村のSSWer活用事業を視察したり、資料を取り寄せたりしてSSWに関する情報を収集する」など、そして、収集した情報をもとに、子ども・保護者にSSWerがどのような働きをするのかをシュミレーションし、SSW導入の効果について調べる。ソーシャルワーカーを養成する地域の大学や社会福祉士会などとつながりを持ち人材について情報収集するとともに、SSWerの専門性について学ぶ。

2)「戦略を練る」の領域
①B-1　課題分析（A-1）と情報収集（A-3）をふまえたフレイム作り
　学校・地域の課題分析や収集したSSWに関する情報を活用して、また

その情報に基づき意見を募ることで、SSW事業化に向けた事業案を検討し、事業の狙いと成果指標を主導的に決定する。
【効果的援助要素と内容】
「事業の戦略をともに練り上げてくれる職能団体の協力者や学識経験者などやスーパーバイザー（以下、「SVr」とする）を探し、意見交換会を開いたり、会議組織を作ったりして事業の土台を作る」「校長会役員、SVr、SCなど他事業の関係者（D-2参照）に対し、A-1で把握した教育委員会内外の機関の相談事例の内容や件数について情報提供しながら、事業企画に向けて意見を聞く場を持つ」などの実践を踏まえて、校長会役員、SVr、SCなど、事業に関与する人々を集めて事業化に向けた意見を聞く場を持ち、主導的に事業の狙いと成果指標を決定する。

3)「管理」の領域
(1)「職務内容の設計」の領域
①C-1　教育委員会の戦略を形にする

SSWer活用事業実施要綱や行動計画などを策定し、広く周知する。SSWerの配置形態を決定、学校や関係機関に対する働きかけの内容を具体化するなど、戦略を形にすることによって、SSWer活用事業の効果的な実施を図る。
【効果的援助要素と内容】
「都道府県教育委員会・市町村教育委員会・学校・SSWer・SVrの関係の全体構造を示す図を作る」「都道府県教育委員会・市町村教育委員会・学校・SSWer・SVrの役割分担を決める」など、事業の狙いや成果指標を踏まえてSSWerの勤務体系や配置形態（配置型・派遣型・拠点型など）を決定する。連絡協議会を立ち上げたり他事業との系統性や関連性をもたせる計画を立て、SSWer活用事業実施要綱・実施規則、SSWer活用ガイドラインを作り、事業土台を踏まえてSSWer活用の教育委員会・学校・SVr・SSWer・関係機関に働きかけるための行動計画を立てる。

学校や関係機関に対して年度始めにやるべきこととして、SSW導入に関する周知を徹底して行い、SSWerとともに学校を訪問し、活用の打合せをする。生徒指導担当や特別支援教育コーディネーター、養護教諭などの担当者会議などでSSWerの業務や動きを具体的に周知し、早い段階で校内研修やケース会議をモデル的に実施する。配置型の場合、校内委員会にSSWerを位置付けてもらう。

　関係機関に対して年度初めにやるべきこととして、SSW導入に関する周知を徹底して行い、SSWerとともに関係機関を訪問し、SSWerを紹介する。関係機関の業務をSSWerが理解するために、SSWerに関係機関が行う研修への参加を呼びかける一方、SSWerの業務を関係機関が理解するために、関係機関担当者に教育委員会が行う研修への参加を呼びかける。

　また、SSWに関する情報を踏まえ、研修会やシンポジウムなどの周知活動を行ったり、事業実現のために校長会で情報発信したりする。

② C-2　SSWerとの協議

　SSWerとSSWerに関する認識をすりあわせ、活動内容やスーパービジョン（以下、「SV」とする）体制の活用などについて協議を行うことによって、効果的にSSWer活用事業を実施する体制を整える。

【効果的援助要素と内容】

　「自治体の最優先課題をSSWerと共有する」「SSWerと、SSWerの活用に関する認識をすり合わせ、事業全体に関して役割分担する」など、SSWerの活用に関する認識をすり合わせ、学校のニーズを踏まえて活動内容を設定する。また、SV体制をSSWerに向けて説明する。そして、校内の仕組みを用いて、SSWer活用事業を開始・展開する。

③ C-3　管理職・SSWer担当教員との協議

　管理職・SSWer担当教員のSSWer活用事業に対する理解を促し、活用の枠組みを共に作り上げることによって、効果的にSSWer活用事業を実

施する体制を整える。
　【効果的援助要素と内容】
「教育委員会担当者がSSWerの業務や動きを具体的に管理職に説明する」「管理職・SSWer担当教員と、SSW活用に関する両者の認識をすり合わせる」ほか、学校のニーズを踏まえて活動内容を設定する。SV体制を管理職・SSWer担当教員に説明する。校内の仕組みを用いて、SSWer活用事業を開始・展開する。

④ C-4　SVrとの協議
　SSWerの活動の仕方や展開についてSVrと定期的に点検する場をもち、見直し評価を行う。また、SVrが相談を受けたり、教員や関係機関職員の研修を担当したりすることによって、効果的にSSWer活用事業を実施する体制を整える。
　【効果的援助要素と内容】
「SSWerの活用形態や役割についてSVrと協議する」「SVrと相談し、SSWの導入や展開方法を定期的に協議する」ほか、若手教員や教職志望者など、次世代の学校を担う教員の研修や関係機関の初任者研修などで、SVrがSSWerの業務や動きを具体的に周知する機会を設ける。

⑤ C-5　関係機関に対する戦略の実行
　関係機関に対してSSW導入に関して周知したり、SSWerの紹介や関係機関・SSWer相互の研修参加によって、互いの業務の理解を深める。
　【効果的援助要素と内容】
「SSW導入に関する周知を、関係機関に対して徹底する」「SSWerとともに関係機関を訪問し、SSWerを紹介する」など、教員と関係機関との情報交換の機会を設定することなど、SSWerとともに学校に提案する。関係機関の業務をSSWerが理解し、またSSWerの業務を関係機関が理解するために、互いの実施する研修への参加を呼びかける。

(2)「事業の配置」の領域

① D-1　SSWerの配置

学校の問題解決に必要な人材を見極め、SSWerとして配置することによって、効果的なSSWer活用事業の実施を図る。

【効果的援助要素と内容】

「社会福祉の知識（制度やサービスなど）を理解している人材を積極的に採用する」「学校現場を理解している人材を積極的に採用する」など、社会福祉の知識（制度やサービスなど）や社会福祉援助技術（グループワークなどの基本的なソーシャルワークスキル）をもち、ソーシャルワーカーの倫理綱領など、ソーシャルワークの価値に関する理解が深い人、学校現場を理解している人を積極的に採用する。

② D-2　他事業などを活用する事業配置

SSWer活用事業を、新規事業や既存事業と組み合わせて実施することによって、SSWer活用事業をより効果的に展開する。

【効果的援助要素と内容】

「SSWer活用事業が機能するよう教育委員会内にある機関（適応指導教室・教育センター・SC活用事業）と事業連携させて事業を開始・展開する」「子育て支援や幼児教育の観点（家庭教育支援事業や家庭児童相談室など）、特別支援教育の観点（特別支援教育総合推進事業など）、地域支援の観点（学校支援や社会教育事業、地域福祉に関する事業など）から行われている事業と事業連携させて事業を開始・展開する」ほか、校内の教育相談体制やケース会議の仕組みを用いて、SSWer活用事業を開始・展開する。

③ D-3　SVrの配置

専門的見地を有するSVrを置き活用を定例化することによって、学校・地域の実態や課題を踏まえた事業運営を実現し、SSWer活用事業をより効果的に展開する。

【効果的援助要素と内容】
「SVrを月1回以上定例的に活用し、ケーススーパービジョンと事業管理のための会議を行う」「課題分析と情報取集をふまえた事業土台にかなった複数の専門領域のSVr（社会福祉士、精神保健福祉士、臨床心理士、弁護士など法律の専門家、教員OB、警察、大学教員）を確保する」ほか、子ども家庭福祉分野のSWer経験を有する人材、SSWerに対して専門的見地から助言できる人材、教育委員会担当者に対して社会福祉の専門的見地から事業運営について助言できる人材を採用する。

④D-4　SSWer活用事業に関連する人材の配置
　SSWer活用事業に関連する人材を必要各所に配置することによって、SSWer活用事業がスムーズに展開し、SSWerに対する要望や活用が高まるようにする。
【効果的援助要素と内容】
「SSWerの担当者を学校に置く」「教育委員会に担当者を置き、SSWer要請連絡の窓口とするとともに、学校とSSWerとのパイプ役とする（例　SSWer活用の目的の明確化を、学校、SSWer双方に促す）」ほか、教育委員会にSSWer活用事業の苦情受付担当者を置き、責任をもって迅速に解決に臨む。SSWerを補佐する人材（SSWerサポーターなど）を配置する。

(3)「SSWerの資質の向上と維持」の領域
①E-1　SV体制の構築
　SVrがSSWerのサポートを行うSV体制を構築することによって、SSWerの資質の向上・維持を図る。
【効果的援助要素と内容】
「初任時（あるいは年度始め）にSVrがSSWerとともに学校に入ってどう動くか具体的に助言する」「SVrがケース会議に同行し、実地に指導する」ほか、初任時は必ず、期間を決めて個別SVを実施し、個別の資質向上を

図る。

② E-2　連絡会の構築

　定期的・継続的な連絡会を効果的に開催することによって、SSWerの活用がより効果的に行われるようにする。

【効果的援助要素と内容】

「SVrを入れて連絡会を開催し、SVrの助言、指導を受ける」「連絡会で情報交換を行うことでSSWerがうまく機能するように働きかける」ほか、連絡会においてSSWerの課題やSSWer活用事業の課題をキャッチする。

　都道府県教育委員会においては、SSWerを活用している市町村教育委員会担当者を連絡会のメンバーとする。さらに、市町村教育委員会担当者とSSWerが話し合える場を設定する。

　市町村教育委員会においては、年に何度か、SSWerを活用している学校（管理職・SSWer担当教員など）を連絡会に招集する。

③ E-3　研修会・勉強会の開催

　定期的な研修会や勉強会を行うことによって、SSWerの資質の向上およびSSWer活用事業以外の事業や他職種の専門性の理解を図り、他職種との連携をよりよくする。

【効果的援助要素と内容】

「採用時に初任者研修を行う」「定期的に現任者研修を行う」など、採用時に初任者研修、定期的に現任者研修を行う。研修の内容は、地域の課題分析と情報収集の結果をふまえた体系的なものとする。SSWerと、活用した他事業のメンバーとの定期的な研修・会議の場を設定する。「スクールソーシャルワーカーの自己チェックリスト」を配布し、研修などで活用する。

④ E-4　相談援助活動のデータベース化

　SSWerの活動を把握し、活動に責任をもつ。SSWer、教育委員会担当者

とともに記録やケース記録、他機関との連携状況などをデータベース化することによって、SSWerの活動把握だけでなく、実践の目標・プランなどを明らかにするとともに、実践の振り返りに活用し、SSWerの資質の向上・維持を図る。

【効果的援助要素と内容】
「データの作成に関して、日報、月報、ケース台帳、ケース記録、ケースカンファレンス・シート、引き継ぎ、関係機関送致を用いている」「データの活用に関して、日報、月報、ケース台帳、ケース記録、ケースカンファレンス・シート、引き継ぎ、関係機関送致を用いている」など、日報、月報、ケース台帳、ケース記録、ケースカンファレンス・シート、引き継ぎ、関係機関送致データなどを作成・活用・蓄積・決裁・保管する。

⑤E-5　SSWer勤務環境の整備

　SSWerが活動しやすい勤務状況を整えることによって、勤務意欲や資質の向上・維持を図り、よりよく機能していくようにする。

【効果的援助要素と内容】
「教育委員会や配置校に固定された席を置く」「SSWerの活動を理解した環境整備（名刺、自転車、携帯電話、電話機、パソコンなどをSSWerが使えるように用意する）」など、教育委員会や配置校に固定された席を置き、名刺、携帯電話の支給など、SSWerの活動を理解した環境整備を行う。社会保障など、当初より待遇を改善する取り組みを行っている。SSWerの記録を保管する場所を確保し、記録をつける時間を保障する。SSWer同士がサポートを行える場を提供する。

(4)「事業・実践の評価」の領域

①F-1　SSWer活用事業の評価

　事業の実践評価を行うことによって、事業の定着、拡充につなげる。

【効果的援助要素と内容】

「評価方法について、SSWer、SVrと協議し、専門性に照らしてSSWが評価できるものにする」「子どものさまざまな課題（いじめ、虐待、暴力行為、不登校など）に対するSSW活用による効果を課題の状況変化から評価する」「学校や教員のさまざまな課題（学級崩壊、校内体制づくりなど）に対し、SSW活用による効果を課題の状況変化から評価する」など、SSWer活用事業を適正に評価し、議会、研修、さまざまな会議などで公開する。

　関係機関や学校にSSWer活用に関する調査を実施し、SSWer活用事業・実践の評価を受ける。評価方法については、SSWer、SVrと協議し、専門性に照らしてSSWが評価できるものにする。SSWerへの苦情を分析し、事業の課題を洗い出す。

(5)「事業の拡充」の領域
①G-1　SSWer活用事業発展に向けた会議
　SVr・SSWerなどとともにこれまでの活動を振り返り、今後に向けた会議をすることによって、さらなる事業の発展を目指す。

【効果的援助要素と内容】

「SVrと、これまでの活動を振り返り、新たな活動（たとえば地域ネットワーク、非行のサポートチームなどにつながる方法など）を設定する」「SSWerと、これまでの活動を振り返り新たな活動を設定する」など、SVr・SSWer・管理職・SSWer担当教員と、これまでの活動を振り返り、新たな活動（たとえば地域ネットワーク、非行のサポートチームなどにつながる方法など）を設定し、SSWer活用事業の今後に向けて議論する。SSWer、SVr、（場合によっては教育委員会担当者）と、SSWer活用事業の今後に向けて場を同じくして議論する。SSWerの活用を推進するために配置形態（配置型・派遣型・拠点型など）を状況に合わせて柔軟に変更する。

②G-2　SSWer活用事業の強化
　SSWerの活用方法を検討・工夫し、学校による評価をもとに事業定着化

の要望や提言を行うことによって、SSWer活用事業を強化させる。
【効果的援助要素と内容】
「窓口の明確化、書式の簡素化などSSWerを活用しやすいような手続きを取る」「SSWerの配置について、何年間かで異動や増員をし、SSWの手法を広げる」など、SSWerの活用をシステム化する。SSWの理解を図るための研修や、教員や教育委員会担当者にケース会議を理解してもらうための研修を行う。SSWer活用事業と関連させた新しい事業を企画する。SSWer配置の根拠となる条例や規則などを作成する。

SSWの評価を子ども・保護者や学校から集め、議会に提言する。地域の大学と連携し、実習を受け入れるなど、SSWer養成や育成をバックアップする。SSWのねらい・位置づけ・多様な活用方法を成果物としてまとめる。

③G-3　SSWer活用事業の効果発信

SSWer活用事業の効果を、教育委員会内部に協力体制をつくり、さまざまなところに積極的に発信することによって、事業の促進・拡充をねらう。事業効果の発信は、教育委員会、SSWer、学校のモチベーションを高め、事業の活性化にもつながる。
【効果的援助要素と内容】
「SSWer活用事業の効果について、教育委員会内のトップや他部局に報告し、協力体制を作る」「SSWer活用事業の効果について、校長会や職員研修会で報告する」ほか、実績や効果について都道府県・国、校長会や職員研修会、研究会や学会などで報告・発信する。マスメディアからの発信を活用して、SSWer活用事業の効果を広める。

II. サービス利用計画

効果的なSSW事業プログラムにおけるSSWerによるアプローチを「学校組織へのアプローチ」「教育委員会へのアプローチ」「関係機関へのアプ

ローチ」「子ども・保護者へのアプローチ」の4領域に分け、それぞれ必要とされる効果的援助要素の項目を整理し、SSW事業プログラムサービス利用計画の完成モデルを作成した（図7-3）。サービス利用計画は、4領域30項目からなり、164の効果的援助要素から構成される。サービス利用計画図の上位に挙げている項目から、下に1つずつ項目を実施していくことで効果的なSSW実践が行われる。次に、サービス利用計画4領域30項目の効果的援助要素と内容について説明する。効果的援助要素に使用している語句については、巻末で定義説明を行う。

1）「学校組織へのアプローチ」の領域
①A-1　学校アセスメント（さまざまな資源を活用して学校の状況を把握する）

　学校を理解するための情報を集め、学校や子どもの状況を把握し、ニーズを見たて、活動方法を検討することによって、学校や子どもに必要とされるSSWerの活動を展開する。また、学校がSSWerについてどのように理解しているかを把握することによって、学校がSSWerの専門性を理解して活用できるようにする。

【効果的援助要素と内容】

「管理職がSSWerの役割をどう理解しているかを把握する」「管理職のSSW活用のニーズを把握する」など、学校がSSWerの役割をどのように理解しているか、管理職のSSW活用のニーズ、管理職と他の教員との人間関係、教員同士の雰囲気、学校における合意形成のプロセス、教員の大変さ、教員同士の力関係を把握する。教員、生徒指導主事（校内支援者）、校外支援者に対し、教員の勤務体系や校務分掌、不登校率、就学援助率、生活保護率などの学校の状況を聞く。学校訪問時、職員室の反応、掲示物、ゴミの散乱状態、靴箱の状態、廊下の状態、学校備品の破損状態を観察する。

　これらの情報を整理し、活動開始前に学校状況をアセスメントする。

図7-3 効果的なスクールソーシャルワーク事業プログラム：プロセス理論（サービス利用計画）

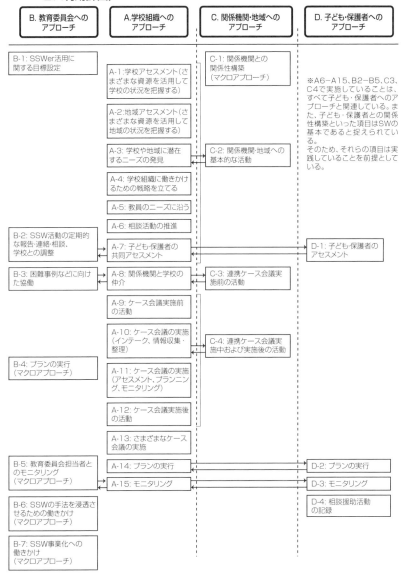

※このプロセス理論はSSWの特徴を捉え、より効果的なプログラムを明示したものである。
項目全体がSSWerのマクロアプローチにかかわるものは（マクロアプローチ）と記している。

②A-2　地域アセスメント（さまざまな資源を活用して地域の状況を把握する）

　地域を理解するための情報を集め、地域の状況を把握し、ニーズを見たて、活動方法を検討することによって、地域に必要とされるSSWerの活動を展開する。

【効果的援助要素と内容】

「インフォーマルを含めた地域資源の種類を把握する」「インフォーマルを含めた地域資源の役割を把握する」ほか、学校行事（参観や運動会、懇談会など）への参加、地域主催の取り組みへの参加、校区内の見回りなどによって地域の状況を把握し、関係機関訪問、地域のさまざまな会議への参加などにより、インフォーマルを含めた地域資源の種類と役割、対応範囲を把握する。

　管理職、管理職以外の教員、生徒指導主事、民生委員・児童委員、主任児童員、警察、PTA、地域の自治組織、保護司などから、地域の歴史や特性、市営住宅の有無、児童養護施設の有無、犯罪率などを調べたり、聞き取ったりする。

　これらの情報を整理し、活動開始前に地域の状況をアセスメントする。

③A-3　学校や地域に潜在するニーズの発見

　学校や地域に潜在するが、学校や教員が認識していないニーズをSWの視点から見たてることで、学校や地域が潜在的に必要としているSSWerの活動を展開する。

【効果的援助要素と内容】

「校内の主要な支援者と話すことで、子ども・保護者へのニーズを把握する」「管理職・教員の何気ない言葉から子どもの異変や教員の抱え込みを発見する」ほか、生徒指導部会、校内支援委員会などの定例部会に参加したり、ケース会議の場以外での教員の子ども・保護者へのニーズを把握する。

　配置型の場合は、雑談・授業の参観や校内の定期的な観察などを通して、

子ども・保護者に関する担任のニーズを把握したり、子どもの異変や教員の抱え込み、支援の必要な子どもを発見する。教員以外の校内支援者の情報から個別対応が必要な子ども・保護者を発見することもできる。

　派遣型の場合は、ケース会議の前に学校に行って、子ども・保護者に関する担任のニーズや支援の必要な子どもを発見する。

④ A-4　学校組織に働きかけるための戦略を立てる

　アセスメントに基づき、管理職などの教員とともに戦略を立てることによって、問題の解決につなげる。学校アセスメントに基づいて管理職などとどこをどのように変えていけばよいのかを話し合い、学校組織の必要なところに働きかけていく。事例への対応について、学校との間で依頼の意向とゴールのイメージを明確化することによって、SSWer活用の目的と役割をはっきりさせる。

【効果的援助要素と内容】

「学校アセスメントに基づいて、学校の課題について管理職などと話し合いをもつ」「学校が相談活動をSSWerに依頼するかどうかの意向を確認するとともに、どのようなゴールに至ればSSW活動が終結となるのかイメージをすり合わせる」ほか、発見した潜在的ニーズを管理職と共有し解決に向けての支援方向性を確認する。

　管理職・SSWer担当教員と、教育委員会担当者のニーズを踏まえて活動内容を設定する。校内にチーム支援体制づくり、支援のための会議の定例化を提案する。

⑤ A-5　教員のニーズに沿う

　教員のニーズに合わせ、教員の視点や困り感に沿ってSWの視点から一緒に考える姿勢をとることにより、教員を支援する。

【効果的援助要素と内容】

「教員のニーズに合わせて子ども・保護者について一緒に考える」「担任

と学級の環境や雰囲気について一緒に考える」など、教員のニーズに合わせて事例について一緒に考えたり、あるいは担任とともに、学級の環境や雰囲気について一緒に考えたり、教員の活動や考えにSWの視点から賛同する旨を伝えたりする。SSWerの活動が教育目標や教員の方針とずれないよう、教員とすり合わせる。

⑥ A-6　相談活動の推進
　アセスメント結果を教員に伝えたうえで教員との相談活動が可能になるような機会を設けることによって、SSWerへの相談が増える環境を作る。
【効果的援助要素と内容】
「教員が気軽に相談できるような多くの機会（ミニケース会議など）や場を設ける」「研修やケース会議などを通して、多数の教員と話す機会を作る」など、気軽に相談できるような機会を作り、研修やケース会議などを通して、多数の教員と話す機会をもつ。学校行事や時間割に配慮して活動したり、教員が対応しにくい事例について、資源としてSSWerが活用できることを管理職や担任に伝える。教員がまだ気づいていない子ども・保護者に関してアセスメント結果を教員に伝え、個別の事例としてSSWer自身に直接つなぐよう依頼する。

⑦ A-7　子ども・保護者の共同アセスメント
　相談のあった事例について、教員とともにアセスメントを行ったり、教員にアセスメント結果を伝えたりして共有することによって、アセスメントに福祉的な視点、方法を導入する。
【効果的援助要素と内容】
「子どもの変化や教員の知らない子どもの側面について、教員が気づくよう、子ども・保護者を代弁する」「教員が子ども・保護者のストレングス（強み・長所）に着目するように、意図的に子ども・保護者を代弁する」ほか、相談のあった事例について、アセスメントを教員とともに行ったり、

SSWerのアセスメントを教員に伝えたりするだけでなく、起こりうるリスクを教員とともに洗い出し、手だてを講じる。

⑧ A-8　関係機関と学校の仲介
　学校と関係機関をつなぎ、関係性が深まるように働きかけることによって、学校と関係機関の連携を円滑化し、促進する。
【効果的援助要素と内容】
「教員と関係機関との情報交換の機会を設定するようSSWer担当教員に働きかける」、「関係機関からの子ども・保護者に関する情報を伝えて、教員に働きかける」ほか、その情報の内容に応じて、管理職や担任など伝える相手を適切に選ぶ。教員に各事例について適切な関係機関を、活用方法や基本的な情報を含めて具体的に提示・説明する。必要に応じて関係機関との連絡や学校との役割分担を調整し、各関係機関と学校が互いの限界を共有できるよう働きかける。

⑨ A-9　ケース会議実施前の活動
　ケース会議の開催に先立って、行うべき活動を明確にし、必要に応じて関係者との調整を行うことによって、効果的で円滑なケース会議を準備する。
【効果的援助要素と内容】
「教員にケース会議のメリットについて説明する」「子ども・保護者のストレングス（強み、長所）に着目できるように、ケース会議の参加者を教員とともに選定する」ほか、ケース会議の目的や見通しを明確にする。連携ケース会議のために、今までのアセスメント・それに対する支援状況を教員と再確認し、目的や見通しを確認する。

⑩ A-10　ケース会議の実施（インテーク、情報収集・整理）
　ケース会議において、ケース会議実施前の活動で行った内容に基づき行動する。参加者の視点を考え、発言を拾い流れを作ることによって、参

者が多面的な視点で子どもを捉え、状況をポジティブに捉えて前に進めるようにする。
【効果的援助要素と内容】
「ケース会議のはじめに、守秘義務について確認する」「ケース会議において、把握されていない子どもの背景が伝わるように意識する」ほか、情報を整理し、担任まかせではない視点が生まれるよう発言を行ったり、ポジティブな発言を行ったり、他者のポジティブな発言を拾ったりする。また、多面的な視点が導入されるよう、多くの意見の出現を意図して会議の流れを作る。

⑪ A-11　ケース会議の実施（アセスメント、プランニング、モニタリング）
　ケース会議においてアセスメントを行い、それに基づいてプランニング・モニタリングを行うことによって、学校がチームで効果的な支援のプロセスをたどれるようにする。
【効果的援助要素と内容】
「ケース会議において、アセスメントを参加者共同で行う」「ケース会議においてアセスメント用のフォーマット、エコマップなどソーシャルワークのツールを活用してアセスメントする」ほか、それに基づき、校内外の支援者と学校が協働して支援するプランニング（支援目標を決め、目標達成に向けた役割分担）を行ったり、教員に達成感がもたらされるような発言を行う。
　そして、ケース会議後に、目標に対する変化が出そうな時期などを選び、次回のモニタリングのためのケース会議の時期を決める。

⑫ A-12　ケース会議実施後の活動
　ケース会議実施後、当初の支援目標と照らし合わせて取り組みの状況を振り返り、調整することによって、次の段階への準備を行う。
【効果的援助要素と内容】

「支援目標にぶれが生じていないかチェックする」「ケース会議後にプランが忘れられている、間違って理解されているなど何らかの理由でなされていないとき、目標に向けたプランについて、より具体化させて教員に伝える」ほか、ケース会議で目標としていた事を実行できなかった場合、関係する教員に意識的に相談をもちかける。短期目標や役割分担のフィードバックと微調整を行う。

⑬ A-13　さまざまなケース会議の実施
　さまざまな種類のケース会議の役割と限界を知り、臨機応変にケース会議の機会や参加者を設定することによって、支援のネットワークを広げ、内容を深める。
【効果的援助要素と内容】
「小中連携ケース会議を提案し実施する」「要保護児童対策地域協議会を活用して学校でケース会議を行う」ほか、地域の既存の会議を活用してケース会議を行う。また、保護者をチームの一員として捉え、できる限り保護者を入れたケース会議を実施する。連携ケース会議で、参加機関のサービスの限界を明らかにするとともに、参加機関と情報共有（守秘義務など）の方法を決める。

⑭ A-14　プランの実行
　必要性を見極めて、管理職など・教員・保護者の間を調整・サポートしながら、ケース会議などで決めたプランを、教員と協働して実行することによって、支援目標の達成を目指す。
【効果的援助要素と内容】
「教員にプランの実行を依頼する」「教員に対してプランを実行するための心理的サポートを行う」ほか、教員と一緒にプランの実行を確認しながら相談援助活動を行う。子どもや保護者に働きかけを行った後、必要に応じて教員に報告し、申し送りをする。本人の了解を得て、教員に子どもや

保護者の思いを代弁して伝える。
　また必要性を見極めて管理職などをエンパワーメントしたり、教員間、保護者と教員の間、管理職などと教員の間で話し合いの場を作るなど、調整・サポートする。校内の会議や保護者会を活用して学校システムに変革が起きるようプランを実行する。SST（ソーシャル・スキル・トレーニング）など、特定の課題について校内プログラムを立ち上げる。

⑮A-15　モニタリング
　プラン実行の結果について、モニタリングを行うことによって、効果を確認し、必要に応じて対応を修正・変更する。
【効果的援助要素と内容】
「相談を受けた事例については、最低1回、時期を決めてモニタリングを行う」「役割を担っている教職員をねぎらう」ほか、役割を担っている教職員から定期的にプランの進行状況を把握し、共にモニタリングを行う。効果があったこと、なかったことを明確にし、足りない情報・足りないアプローチを明確にする。必要に応じて再アセスメントをして対応を修正、変更する。管理職・SSWer担当教員と、これまでの活動を振り返り新たな活動を設定する。SSWerの定着・拡充のために管理職・SSWer担当教員と協働して、教育委員会や関係機関に働きかける。

2)「教育委員会へのアプローチ」の領域
①B-1　SSWer活用に関する目標設定
　教育委員会担当者がスムーズにSSWer活用事業が展開できるように、目標と活動内容を設定するよう働きかける。
【効果的援助要素と内容】
「SSWerの役割を教育委員会担当者がどう把握しているかを確認したうえで、説明を行う」「事業の目標設定をしやすくするために、自治体の最優先の課題を教育委員会担当者と共有する」ほか、犯罪率、生活保護率など

の自治体の特徴を事前把握したうえで教育委員会担当者と話し合い、ニーズを確認する。SSWer活用の目標と活動内容を設定する。SSWer活用に関する認識を教育委員会担当者とすり合わせ、役割分担を行う。さらに教育委員会が組織的な動きになるように働きかける。

②B-2　SSW活動の定期的な報告・連絡・相談、学校との調整
　教育委員会担当者に定期的に連絡することによって、SSW活動が推進できるよう、また、学校が抱える課題が解決できるよう調整する。
【効果的援助要素と内容】
「SSWerの活動の開始時や困ったときに、教育委員会担当者に学校への同行を依頼する」「活動状況(SSWerの動き・担当している相談事例の進捗・学校の様子など)について教育委員会担当者に相談あるいは定期的に報告を行う」ほか、教育委員会担当者を通じて、学校・関係機関の情報を収集したり、研修の情報を提供したり、SSWerが把握した学校の要望について依頼したりする。

③B-3　困難事例などに向けた協働
　教育委員会担当者に対し、ケース会議に向けた連絡や依頼を行い、効果的なケース会議実施のための戦略を立てる。また、共にモニタリングを行って、SSWerの相談援助活動の方法や事例の流れ、学校の状況などを共有する。
【効果的援助要素と内容】
「子ども・保護者にとって必要な社会資源へのつなぎを教育委員会担当者に依頼する」「ケース会議への出席を教育委員会担当者に依頼する」ほか、ケース会議に出席する教育委員会担当者と会議の目的や進行に関する事前打ち合わせを行い、定期的なモニタリングを行ったり、学校の状況に関して話し合いを持ったりする。

④B-4　プランの実行（マクロアプローチ）
　子どもが居場所を獲得できるよう、見学や視察の機会を作る。
【効果的援助要素と内容】
「自治体内全体の学校にケース会議を共有する仕組みやSSW研修の制度などを新しく作る」「外国につながる子どものプレスクールの設置を働きかける」ほか、学習支援プログラムの制度化を提案したり、小・中・高校生の居場所づくりや乳幼児とのふれあい体験の制度化を提案したりする。

⑤B-5　教育委員会担当者とのモニタリング（マクロアプローチ）
　教育委員会担当者とともにこれまでの活動を見直し、評価を行うことで、よりよい活動を実施する。
【効果的援助要素と内容】
「教育委員会担当者と、定期的に活動を見直し、評価を行う」「教育委員会担当者と、定期的に活動を見直し、修正の必要なところに対応する」ほか、これまでの活動を振り返り、新たな活動を設定する。
　SSWer自身の自己評価を教育委員会に提出したり、課題を抽出する。

⑥B-6　SSWの手法を浸透させるための働きかけ（マクロアプローチ）
　SSWの手法が学校で理解され受け入れられるために、研修会や勉強会を開催する。また、そのことを教育委員会担当者に報告する。
【効果的援助要素と内容】
「SSWの理解を図るための研修（校内・自治体内など）を行う」「教員や教育委員会担当者にケース会議を理解してもらうための研修を行う」ほか学校で、教員だけでなく教員以外の専門職も加えて勉強会を実施する。成果・結果などの情報を教育委員会担当者に発信する。

⑦B-7　SSW事業化への働きかけ（マクロアプローチ）
　SSWer自身が、SSWに関する普及活動を教育委員会担当者に行う。

【効果的援助要素と内容】
「SSW事業化前に、教育委員会担当者に対してSSWの意義・必要性・効果をデータに基づいて説明する」「子ども・保護者・SSWにまつわるさまざまな効果を測り、分析し、教育委員会や社会に働きかける」ほか、教育委員会担当者などと協働して、自治体の首長部局に働きかける。

3）「関係機関・地域へのアプローチ」の領域
①C-1　関係機関との関係性構築（マクロアプローチ）
　関係機関・学校相互に理解が深まり、連携や地域ネットワークが機能していくよう活動を行う。
【効果的援助要素と内容】
「関係機関・NPOなどを理解することができる研修を、管理職・SSWer担当教員と企画・実施する」「教育委員会担当者などと協働して、SSWer導入が周知されていない、あるいは教育委員会がまだつながりをもたない関係機関に働きかける」ほか、よりよい連携をはかるために、各機関の対象者やサービスの限界を明らかにしていくよう働きかける。教育委員会と協働して、要保護児童対策地域協議会においてSSWerが機能できるよう、また、地域のネットワークが機能するよう適切な関係機関に働きかける。関係機関やNPOなどの社会資源がもつ課題を当該関係機関に提起する。

②C-2　関係機関・地域への基本的な活動
　必要に応じて関係機関・地域と連携しながら活動を行い、学校とのパイプ役となることによって、地域の社会資源を活用して支援する環境作りを進める。
【効果的援助要素と内容】
「SSWerの役割を関係機関・地域がどう把握しているかを確認したうえで、説明を行う」「担当者同士の連携のため、日常的に関係機関に訪問や電話をする」ほか、対応している子ども・保護者についての、関係機関による

アセスメントの内容を聞き、関係機関とともにアセスメントを行う。また子ども・保護者に応じて、関係機関などと学校、それぞれの立場や活動の経緯などを代弁し、仲介をし、関係機関・地域などから得た情報をどこまでどのように学校に伝えるかを関係機関などと一緒に確認する。

子ども・保護者に応じて要保護児童対策地域協議会を活用したり、足りない社会資源を創出したりする。

③ C-3　連携ケース会議実施前の活動

関係機関などと共にケース会議の目的や見通しを明確にし、参加調整を行うことによって、効果的で円滑なケース会議を準備する。

【効果的援助要素と内容】

「連携ケース会議の目的や見通しを関係機関などと共に明確にする」「連携ケース会議の参加者の選定を関係機関などと共に行う」ほか、参加する関係機関などに学校との調整をした事例の今後の対応方針も伝える。ケース会議（主催）への出席を、関係機関、関係者に適切なルートを通して依頼する。

④ C-4　連携ケース会議実施中および実施後の活動

連携ケース会議の中で、また実施後に、関係機関・地域に働きかけ、共に活動することによって、子ども・保護者への対応を効果的に行う。

【効果的援助要素と内容】

「役割を担っている関係機関・地域の支援者にプランの進行状況を聞く」「関係機関などとともにモニタリングを行う」ほか、連携ケース会議で学校が知らなかった子ども・保護者の様子について関係機関・地域から情報を得るとともに、関係者の苦労をねぎらう。

4)「子ども・保護者へのアプローチ」の領域
①D-1　子ども・保護者のアセスメント
　子どもの状況に応じてさまざまな方法を駆使し、適切な方法でアセスメントすることによって、子ども・保護者の真のニーズを把握する。
【効果的援助要素と内容】
「一定時間クラスに入る（授業中、給食や掃除の時間など）」「学校行事に参加する」ほか、地域の取り組みに参加し、子どもや保護者の様子を観察することを通して、また、面談や、さまざまな関係機関、関係者から情報を収集することによって、子ども・保護者の状況や、学校と子ども・保護者の関係、子ども・保護者がSSWerの役割をどう理解しているかを把握する。得た情報を整理し、子ども・保護者の状況をアセスメントする。

②D-2　プランの実行
　アセスメントに基づいて、子ども・保護者へのプランを実行することによって、課題解決を目指す。
【効果的援助要素と内容】
「子どもに対し、アセスメントに基づいたプランを実行する」「保護者に対し、アセスメントに基づいてプランを実行する」などがある。
　子どもに対し、家庭訪問や、落ち着いた場所などで面談を行い、必要に応じて、子どもに別の相談場所を紹介する。ふだん会うことのできない子どもと会うチャンスを意図して作る。一方的なプランの実行を防ぐために、子どもの希望を尋ね、子どもと一緒に具体的なプラン作成を行う。作成したプランは、教員と一緒に確認して学校にフィードバックする。子どもが行きづらいと考える場所などに同行する。
　保護者に対し、家庭訪問や学校での面談を行い、福祉サービスの内容を具体的に説明、必要に応じて関係機関を紹介する。参観や運動会、懇談会などの学校行事を活用して働きかけたり、ふだん会うことのできない保護者と会うチャンスを意図的に作ったりする。保護者に子どもの様子や学校

と共有した見たてを伝えたり、保護者と学校を仲介するために学校（教員）の思いを代弁して伝えたりする。保護者が行きづらいと考える場所などに同行する。可能な場合は、保護者にケース会議への参加を促す。

③D-3　モニタリング

　プランに基づいて支援を行った子どもや保護者の状況を、さまざまな方法を用いて把握することによって、支援の最適化を図り、適切な終結時期を判断する。

【効果的援助要素と内容】

「子どもと面談・電話などを行い、その後の支援の必要性や支援方法を確認する」「保護者と面談・電話などを行い、その後の支援の必要性や支援方法を確認する」ほか、学校における子どもの様子の観察、教員、関係機関・地域から情報を得るなどの方法によって、その後の支援の必要性や支援方法を確認する。支援がうまくいっていないと判断したときは再アセスメントを行う。モニタリングを行うために、学校へ出向いたり学校行事を活用したりする。

④D-4　相談援助活動の記録

　SSWerの相談援助活動の記録をすることによって、子ども・保護者のアセスメント・プランニング・プランの実行・モニタリングというプロセスにおける、SSWerの実践を明らかにするとともに、実践の振り返りに活用し、SSWerの資質の向上、維持を図る。

【効果的援助要素と内容】

「記録（ケース記録、ケースカンファレンス・シート、引き継ぎ）を作成している」「記録（ケース記録、ケースカンファレンス・シート、引き継ぎ）を活用している」ほか、記録の決裁をとったり、指導主事と相談の上、責任をもって記録を安全な場所に保管する。

第8章　総合考察——エビデンスに基づく実践とその評価

　本研究は、すでに記述してきたように、2010年から4年かけてプログラム評価の理論に基づいて取り組んできたものである。本章において総合的に考察を行う。

　本研究の目的は、ソーシャルワーク（以下、「SW」とする）理論をベースにしたスクールソーシャルワーク（以下、「SSW」とする）実践を明確化し、プログラムとしてモデル化し、それに基づいた実践とその評価、さらにそれを改善することを繰り返し行うプログラム評価の理論（Rossiほか 2004）を援用して、効果モデルの開発・形成を行うことであった。この評価プロセス全体を通じて、科学的根拠に基づく実践（EBP）を含む効果モデルを示すことを行い、そのことによってSSW実践そのものを明らかにすることであった。本モデルの特徴は、教育委員会と協働で行うことであり、今まであまり明確にされていなかったメゾ、マクロ実践をも含む効果モデルの開発であった。

　2010年と2011年は、全国のグッドプラクティスを実施している実践家へのインタビューからSW理論に基づく、効果的なSSW事業プログラムモデルの仮モデルを作成した。

　2012年度は、今まで質的調査から明らかにしてきた仮モデルに基づいて全国調査を行うことで、全国規模でどの程度SW実践が行われているのか、SSWの特徴的な動き方は何かを探ってきた。教育委員会の実態も調査することによって、よりSSWの実態が明らかになった。さらに全国調

査のデータ分析結果を用いて全国から集まった実践家と意見交換を行い、仮モデルについて修正を行い、修正モデルを作成した。

2013年度は、修正モデルを実際に活用してもらうこととその効果を明らかにすること、そして最終的な評価マニュアルを完成するために試行調査に関する実践家参画型意見交換会を継続して行ってきた。詳細はすでに報告した通りであるが、2012年度の全国調査報告を行うなかで明らかにされた課題を超えるための試行調査であり、実践家に実感など感触を得てもらうためにも意味があった。実践家参画型ワークショップでは多くの自治体の報告発表を受けた。そしてワークショップによるプロセス理論やインパクト理論の修正も行った。こうして作成したものが現時点の完成モデルである。

結果はすでに各章で述べてきた通りである。本章では、1）SSW実践の可視化に関して、2）EBP（Evidence-Based Practices）に関して、3）効果モデルについて、4）プログラム評価理論に関して、の視点から総合考察を行い、最後に、5）本研究の課題を述べる。

1）SSW実践の可視化に関して

この研究によって日本におけるSSW実践の可視化を行うことができたのではないかと考える。まず雇用形態や資格などフレイムの全容を明らかにしたこと、内容的にSW実践の内容に関すること、アメリカとの比較で明らかになったこと、以上、3点から述べる。

まず、第1点目は、日本のSSWの実践内容を明らかにすることで、フレイムの全容を明らかにし、それとともに、SSW実践を可視化したといえよう。全国調査によって、文部科学省の予算ではないため国も把握できていない、スクールソーシャルワーカー（以下、「SSWer」とする）独自採用を行っている自治体も含めて明らかにした。これは今まで全国規模では実態調査（日本学校ソーシャルワーク学会 2011；喜多 2010）はなされていたが、

雇用形態などの外枠と共に実践内容との関連は出されておらず、初めて表面化させたことに意義がある。結果として、例えばSSWerの所持資格が国の報告と違って教員資格が半数を占めるなど明らかになった。さらに資格の違いによる実践活動の違いも明確となり、社会福祉関連資格の所持者が、効果も証明されたＳＷ理論に基づく本プログラムの実践を有意に行っていた。

　増員が国から示されたため、今後、独自採用の自治体が増加していくことが予想されるが、各自個々ばらばらに根拠のない実践がSSWという名のもとに展開されていくことは避けなければならない。そのためにも国においてこれら補助していない自治体を把握する仕組みを作ることや全国研修、マニュアルの作成など検討すべきであろう。

　第２点は、実践内容そのものをプロセスに沿って、SSWerのみならず、教育委員会担当者の組織計画まで明確にしたことである。先行研究（堀井 2010）では、相談種別や相談経路など概要が中心である。本研究では、教育委員会、SSWerともに実践のさまざまな実態を明らかにしたことである。

　SSWerは効果的援助要素の実践をどの程度行っているかについて明らかにすることで、SSWerの実践内容を表すことができた。学校組織へのアプローチが多く行われ、子ども・保護者へのアプローチが少ないという結果であった。これは１点目の勤務体制が週２日未満とかなり少ないことや派遣型が多いこととあわせて、平均的に各市に１人も存在しない実態からの限界ともいえよう。また、マクロアプローチの実施度も低かったが、ミクロソーシャルワークに比重が高かったソーシャルワーカー（以下、「SWer」とする）養成・教育の課題ともいえよう。

　教育委員会の動きを具体的に提示したことについても、SWの視点を持つ人材の必要性の認識は高いが、事業を強化したりスーパーバイザー（以下、「SVr」とする）はおいているが、戦略的協議に至っていなかったり課題分析とフレイム作りから実施度が低いことが明らかになった。つまり、主体的に、SSWer活用事業をとらえきれていない課題が存在しているとよ

みとれた。教育委員会担当者が単年度で交代するという体制にも課題がみられた。

　先述したようにSSWerのもつ資格によっての違いも見られ、例えば教育委員会のニーズも高かったケース会議でのさまざまな意図的な実践は社会福祉関連資格保持者の方が有意に行っていたことや、SVrが存在することが教育委員会の積極的事業展開につながっていることなど、SSWerの専門性の確保、その力量を維持するための仕組み作りの必要性など、これからのSSWerのあり方に示唆を与える結果となった。文部科学省は子どもの貧困対策からSVrの各都道府県配置を意図している。

　第3点に、全米調査を行った研究者と意見交換を経て、調査項目を調整したことで、アメリカとの比較を行えたことである。ほぼ全校配置であるアメリカとの違いは明らかであった。日本におけるSSWerのプラス面では教員への働きかけやメゾ実践が行われていること、反面、アメリカではあまり行われていないことが明らかになった。マイナス面としてはアメリカでは多く行われているが、日本の現状ではグループワークもほとんど行われておらず、子どもや家族への直接支援に届いていないことが明らかである。マイナス・プラス双方の理由として先の理由もあわせて文部科学省が始めたSSWer活用事業がまだ新しく学校におけるSSWへの理解が行き届いていないこと、全校配置ではないことなどが考えられる。これからの拡充に単に補助金のみではなく動き方、置き方として国からの効果的な事業モデルの提示が必要ではないかと思われる。

2）EBPに関して

　日本においてEBPがなされているSW実践はまだまだ数少ない。プログラム評価モデルを活用するがゆえに、ゴールに対するプロセスが明確化され、効果（アウトカム）を意識することができる。それによって実際に結果を出すことができた。

　つまり全国調査において、SSWerにおいてSW理論に基づく動き方を示

したこと、さらにその動き方が効果（アウトカム）をもたらしていることまで明らかにした。さらに、全国調査に引き続き、試行調査においても本プログラムにおけるSSWerの実践が効果（アウトカム）に影響を与えることを示せた。今まで事例研究や単一事例実験法による調査研究の形では効果を示す研究は存在したが、少ない事例数であったり、単一自治体であった。日本のSSW実践の全容をつかみSSWerの1つひとつのSW実践、子ども・保護者のみならず学校組織や教育委員会へ働きかける1つひとつの実践が効果につながることを実証的に示したのは初めてであり、本研究は画期的な研究といえよう。

　また、SSWerのみならず、試行調査のプログラム実施の事前・事後によって教育委員会担当者が意識して動くことで、効果としてSSW配置につながることも明らかにした。SSWerが直接関連すること、さらに教育委員会が動くことがSSWerの動きを作り、それが効果（アウトカム）に影響するという段階を経ることも含めて示した。

3）効果モデルについて

　本研究の効果モデルは、実践家へのインタビューから、一貫してターゲットに子ども・保護者、教育委員会、学校、関係機関と置いてきた。インパクトにも遠位アウトカムとして実践家参画型ワークショップを経て「1人ひとりの子どものQOLの向上」のみならず「支えあう地域ができる」となった。中位アウトカムに「教育環境の安心・安全」「家庭環境の安心・安全」が入った。これらのことからもわかるように、アプローチのターゲットは単に子ども・保護者への支援ではない。単なる相談員ではなくメゾ・マクロまで視野に入れたSWerであることを示す。さらに単なるSWerではなく、たえず学校環境を視野に入れているスクールの特徴と意義があることを示している。

　このことは、本プログラムが、第1章の3で触れた、福祉と教育の仲介機能を果たす可能性が見える。また学校に押し付ける学校プラットフォー

ム（内閣府 2014）ではなく、地域の仕組み作りにつながる地域に開いたプラットフォームとして学校が機能するよう取り組む可能性がもたらされるのではないだろうか。

　内容的には、完成モデルは、効果をもたらすプログラムモデルである。インパクトのターゲットが、家庭と学校と双方にあったように、2つの視点から考える。

　1つは、本プログラムを実施していくことで、いじめや不登校、児童虐待などの問題の改善、家庭環境の好転など具体的な効果（アウトカム）をもたらしていた。この結果は、いじめや不登校、児童虐待などの問題改善は、本プログラムモデルのインパクト理論の個々のアウトカムと関連するためであり、ゴールに掲げたアウトカムを達成できるプログラムモデルであると実証したといえる。

　もう1つは、教育委員会のニーズであったモデルとして実証できたといえよう。それは、ケース会議でのアセスメントに基づくチーム対応の普及や関係機関との連携強化が教育委員会担当者の目標として、上位に挙げられていた。SSWerが、これらにつながる動きを行っていくことが必要であるが、本プログラムは、ケース会議や関係機関へのアプローチである効果的援助要素があり、今回の結果に関係機関との連携などの効果（アウトカム）が見られた。序章でふれたように本プログラムは、教育委員会と協働であること、メゾ・マクロ実践を含んでいることに特徴があるモデルとして、エビデンスをもって示せたのではないかと考える。

　以上、SSW研究として、実践を可視化し、EBPを明らかにしただけでなく、本プログラムの特徴を科学的根拠をもって示せたことは意義があると考える。

4）プログラム評価の理論に関して

　プログラム評価の理論（Rossiほか 2004）に基づいて、この評価プロセス全体を通じて、科学的根拠に基づく実践（EBP）を含む効果モデルを開発

することが本研究の目的であった。評価プロセス全体は、どうであっただろうか。

プログラム理論を生成するところから始め、丁寧に全国調査、実践家参画型ワークショップ、また試行調査、実践家参画型ワークショップ、モデル作り、と進めてきた。そのつど、全国調査や試行調査など調査分析を活用して、この評価プロセス全体を通じて、科学的根拠に基づく実践（EBP）を含む効果モデルを示してきた。

また、繰り返し、実践家参画型ワークショップを企画することで実践家の創意工夫を尊重し、議論を重ねてきた。2012年度、2013年度の2年間にわたり、実証的なデータを用いた、実践家参画型意見交換会のスタイルを生み出すことができた。2012年度はSSWerの動きであるプロセスと効果との相関表からの検討、2013年度は、レーダーチャートによる各地の実績報告を受けての検討を行った。それぞれの実践をデータによって可視化することと具体的に語られるエピソードとが相互作用することで効果をみせた。例えば、調行調査において変化がみられた「課題分析と情報収集をふまえたフレイム作り」は、調査結果から意識し、実践家参画型ワークショップでその工夫を知ることができた。実際に参加自治体の中で相互作用も起き、自治体内半数の市町村にSSWerをおくことに成功した自治体や、育成研修を予算化した自治体（どちらもコラム参照）、が生まれた。つまり、データの変化に確信を得ることができる相互作用が起きた。さらに自分の実践をもとに話すだけでは勘や経験に頼りがちで話が拡散していきやすいが、何ができて何ができていないのか具体的な分析データをもとに障壁分析や議論を進めることは、話がぶれずに議論を発展させることに貢献した。

データを用いるこの方法で、序章で述べた評価階層のⅠステージ：効果モデル開発評価、Ⅱステージ：効果モデルの継続的改善・形成評価を進め、当初の仮モデルから修正モデル、現時点の完成モデルと改善のために円環的に繰り返してきた。

この方法がよかった点は、波及して地域開催が生まれたことからも想像

できる。全国からSSW実践家や教育委員会のメンバーが集まり、さらに主体的に自分たちの地域でも実施しようという声につながり、別途関東で2回実行されたことは成果といえよう。

内容的にもはじめは地域によって違いが強調されていたが、回を重ねるたびにSWのプロセスは同じであり、共通の課題も明確になった。つまり、実践家参画型で実践家の主体性がはぐくまれ協働作業が生まれやすいことと、データを用いることで自身がエビデンスとゴールをより意識するというメリットが明らかになった。また国や職能団体や養成団体と協働と協力が得られつつある。

以上、プログラム評価として、大島ほか（2013）の示す5要素（インパクト理論、プロセス理論、実践家の創意工夫をもりこんだ効果的援助要素、フィデリティ尺度、実施・評価マニュアル）を実行する形で取り組み、効果的であることを証明してきた。さらに本研究のオリジナルとして、研究と実践を行ききさせる形でデータを用いた実践家参画型意見交換会を新たに有効な方法として提示することができた。

5）本研究の課題

課題としては、細かい点であるが、第1に、マニュアルの項目数が多く複雑であること、第2に、また教育委員会の担当者が2、3年で異動するため実践家参画型意見交換会も議論や方法が蓄積されにくいことがいえる。これはまさにSSWer活用事業の課題でもある。だからこそ、人が変わっても継続できる、効果的なSSW事業プログラムモデルが必要である。第3に、全国の状況がばらばらであり、大島ほか（2013）のいう評価ファシリテーター（実践現場の評価担当者と共に実践プログラムがより効果的になるよう支援する人）が統一的に地域出向いて評価する動きがとりにくい。今後、各市町村や学校単位で配置が展開されると、実際に評価ファシリテーターが出向いていくことは難しい。

以上の課題がいえるが、これらの点を改善させることを今後考えていき

たい。その1つに、遠距離でも可能なように、インターネットなどを活用した評価方法の導入を行う予定である。新たに科学技術振興機構（JST）の補助金を獲得して、Web化に取り組み始めている。まさに、ステージⅢ：効果モデルの実施・普及評価の段階に進んでいく予定である。そして、国や各団体との協働による普及もさらに検討したい。

現時点で子どもの貧困対策の議論からSSWerの増員が示されているが、まだ全自治体で文部科学省のSSWer活用事業を実施しているわけはない。学校は生活者から最も身近な一般的な施設であることから、SW機能を学校現場に見せていくことは、SWを一般化させ、発展させる大きな可能性がある。そして、SW実践を広く知らせ、評価される必要がある。そのためにも、SW機能を十分実証した、そして教育委員会とセットにした、この効果的なSSW事業プログラムモデルをさらに普及させることは、今後の重要な課題である。

あとがき

　本著は、はしがきに記述したような、子どもや家庭の幸せを願って、現場で苦しい思いをしている実践家が少しでも科学的方法によって前に進めることができないか、熱い思いと科学的根拠のある実践によるバランスのとれたソーシャルワークの形、福祉と教育の協働の形を、福祉現場としてはまだ新しい学校分野で確立させることができないか、そんな思いで取り組んできた、その成果である。

　本著は、2007年からの文部科学研究「日本におけるスクールソーシャルワークの実証的研究——福祉の固有性の探求」、2010年からの文部科学研究「スクールソーシャルワークのメゾ・マクロ実践モデルの構築」に取り組んできたことをベースに、2010年からはじめたプログラム理論に基づく研究である。刊行に寄せてで大島巌先生が述べてくださっているように、白澤政和先生の日本学術振興会科学研究費補助金（基盤研究A）「ソーシャルワークの評価方法と評価マニュアル作成に関する研究」（研究代表者：白澤政和）に参加し、児童（学校）領域「スクールソーシャルワーカー配置プログラムに関する研究」（連携研究者：山野則子）、2012年から大阪府立大学キーパーソンプロジェクト「エビデンス・ベースト・スクールソーシャルワーク——SSWの実態、学校や教員の状況の可視化へ」（研究代表者：山野則子）の補助金を受けることによって、リーフレットや報告書、マニュアルなど広く全国に発信しながら取り組んできた。出版にあたっては、2014年度大阪府立大学人間社会学研究科の出版助成を得て実現することができた。

　本著はたくさんの方々にお力をいただいた。刊行によせて、身にあまるお言葉をいただき、長い間ご助言やご指導を下さった大島巌先生（日本社会事業大学学長）、白澤政和先生（桜美林大学教授）、中野澄先生（文部科学省

国立教育政策研究所総括研究官)がいらっしゃらなければ実現しなかった研究である。心から感謝申し上げたい。

　実際に全国調査、試行調査に取り組んでくださった実践家の皆様、そして本著の母体となった効果的なスクールソーシャルワーカー配置プログラムのあり方研究会に集まってくださった皆様(次頁参照)、いろいろご意見をいただいた、地元である大阪府教育委員会の皆様、スクールソーシャルワーカー・チーフの皆様、特に遠方より何度も参画し、自治体の発表もしてくださった皆様にお礼を申し上げる。この取り組みを丁寧にお聞きくださり、ご検討・ご協力くださった文部科学省児童生徒課の内藤敏也課長、何度も来てくださった齊藤大輔課長補佐、中谷一志専門職に感謝を申し上げる。たえず相談させていただき、陰から応援くださった日本社会福祉士養成校協会の事務局長代理潮谷有二先生(長崎純心大学教授)、事務局次長小森敦様ほか、スタッフの皆様に感謝したい。

　また、アメリカ・イリノイ大学と2012年に大学間協定を結び、交流を続けてきたが、キャロル・マサット教授(現インディアナ大学)、マイケル・ケリー教授(ロヨラ大学)に、たくさんの示唆を得た。

　最後に、長い間ともに苦労し、ともに取り組んできて下さった、執筆者のみならず今まで関わってくださった研究室スタッフの皆様がいなければ、こうして最後までたどり着くことは決してあり得なかった。お礼の言葉に変えたい。そして、何年も前に、大阪府立大学に来訪され、本研究室のスクールソーシャルワーク研究に興味を持ち、出版を実現させて下さった明石書店深澤孝之様に感謝申し上げる。

　本著が子どもや家庭の幸せのために、そして理不尽な思いを余儀なくされている実践家にとって脱出の第一歩となることを願ってやまない。

2015年1月

大阪府立大学　山野則子

効果的なSSWer配置プログラムのあり方研究会に関わった方々

○研究協力者：
大島　　巌　（日本社会事業大学　学長）
中野　　澄　（大阪府教育委員会事務局　市町村教育室　小中学校課）
大槻　亮志　（大阪府教育委員会事務局　市町村教育室　小中学校課）
寺田　　剛　（大阪府教育委員会事務局　市町村教育室　小中学校課）
郭　　理恵　（大阪府教育委員会　チーフ・スクールソーシャルワーカー）

○オブザーバー：
齊藤　大輔　（文部科学省 初等中等教育局　児童生徒課　生徒指導室）
中谷　一志　（文部科学省 初等中等教育局　児童生徒課　生徒指導企画室　生徒指導
　　　　　　第一係）

○研究会参加・研究協力者
久能　由弥　（北星学園大学　社会福祉学部）
小銭　寿子　（名寄市立大学　保健福祉学部　社会福祉学科／SVr）
佐藤　　創　（北海道教育庁　学校教育局）
熱海　早苗　（稚内市教育相談所　SSWer）
坂口　繁治　（坂口社会福祉士事務所）
清水　剛志　（富山市教育委員会　SSWer・SVr）
野田　秀孝　（富山大学　人間発達学部）
大崎　広行　（目白大学　人間学部人間福祉学科）
渡辺　実子　（山梨県教育委員会　富士東部教育事務所　SSWer）
弓田　香織　（長野県教育委員会南信教育事務所　チーフ・SSWer）
駒崎　　道　（恵泉女学園中学・高等学校　SSWer）
米川　和雄　（帝京平成大学　現代ライフ学部人間文化学科／練馬区立学校教育支
　　　　　　援センターSVr）
馬場　幸子　（東京学芸大学　総合教育科学系／小金井市教育委員会　SVr）
内田　宏明　（日本社会事業大学　社会福祉学部／小平市教育委員会　SVr）
稲冨　泰輝　（昭島市教育委員会　学校教育部指導課）
瀬戸本むつみ（昭島市教育委員会　SSWer）
渡邉　香子　（横浜市教育委員会事務局　東部学校教育事務所　SSWer）
宮生　和郎　（横浜市教育委員会事務局　指導部　人権教育・児童生徒課）
沼野　伸一　（静岡県教育委員会　学校教育課　小中学校教育室）
川口　正義　（静岡市教育委員会　SSWer・SVr）
竹澤　賢樹　（竹澤社会福祉士事務所／福井県教育委員会　SSWer・SVr）
樋下田邦子　（岐阜経済大学　経済学部）
山本　隆三　（NPO法人ポコ・ア・ポコ／愛知県教育委員会　SSWer）

大下　武彦　（三重県教育委員会　生徒指導課）
中川　祥子　（三重県教育委員会　SSWer）
幸重　忠孝　（幸重社会福祉士事務所／滋賀県教育委員会　SSWer）
宮脇　千恵　（滋賀県教育委員会　SSWer）
山中　徹二　（堺市教育委員会　SSWer）
吉田　卓司　（藍野大学　医療保健学部／高槻市教育委員会チーフ・SSWer）
板倉　孝枝　（高槻市教育委員会　SSWer）
丸目　満弓　（高槻市教育委員会　SSWer）
安原　佳子　（桃山学院大学　社会学部／和歌山県教育委員会　SVr）
上野　裕司　（尼崎市福祉事務所　生活支援相談課　こども家庭相談担当）
川原　悦子　（岡山県教育庁　指導課　生徒指導推進室）
中　　典子　（中国学園大学　子ども学部／岡山県教育委員会　SSWer・SVr）
藤原　憲道　（鳥取県教育委員会事務局　小中学校課）
小澤　敦彦　（伯耆町教育委員会　総務学事室）
福島　史子　（伯耆町教育委員会　鳥取県教育委員会　SSWer）
遠藤　留美　（米子市教育委員会　SSWer）
横山　善規　（広島市教育委員会　生徒指導課）
岩金　俊充　（いわかね社会福祉士事務所／山口県教育委員会　SSWer・SVr）
友景　未来　（やまぐち総合教育支援センター／山口県教育委員会　SSWer・SVr）
河本　政之　（光市教育委員会　学校教育課）
萱野　貴光　（やまぐち総合教育支援センター）
岩永　靖　（九州ルーテル学院大学　人文学部／熊本県教育委員会SSWer・SVr）
米田加奈美　（熊本県教育庁　教育指導局　義務教育課）
守田　典子　（熊本県教育委員会　SSWer）
岩井　佑美　（熊本県教育委員会　SSWer）
比嘉　昌哉　（沖縄国際大学　総合文化学部／沖縄県　SSWer・SVr）

※所属・職名はいずれも2014年3月までの期間における参加時のものです。すべての方をここに掲載できなかったことを深くお詫び申し上げます。

○大阪府立大学内研究スタッフ（過去に関わった方も含む）
大友秀治、木﨑恵理子、駒田安紀、酒井滋子、厨子健一、周防美智子、中里昌子、森戸和弥、横井葉子、萩原直枝

用語解説

◇アセスメント
アセスメントは、援助を開始するにあたって、問題状況を把握し理解するソーシャルワークのプロセスの1つ。問題状況の確認、情報の収集と分析、援助の方法の選択と計画までを含む幅広い概念である。事前評価と訳されることもある（山縣・柏女 2010：5）。

◇関係機関
関係機関は、本書では、SSWerが関わる機関を指す。具体的には、家庭児童相談室・市町村の児童相談部局、要保護児童対策地域協議会、児童相談所、福祉事務所、保健所、警察、発達障害者支援センター、精神保健福祉センター、婦人相談所、法テラス、地域包括支援センター、ひきこもり地域支援センターなどを指す。

◇教員
教師と同意語。効果的なスクールソーシャルワーク事業プログラム改善・形成過程から精査を行い、「教師」を使用せず「教員」の言葉を使う。大辞林（第三版）によれば、教員とは学校で直接教育に従事する職員の総称。

◇教師
教員と同意語。大辞林（第三版）によれば、教師とは学校で学問を教え、子どもたちを導く人。

◇ケース会議
ケース会議は、本書では、さまざまなケース会議を包括的に指し、特に「連携ケース会議」とした場合は、他機関と連携して行うケース会議のうち、要保護児童対策地域協議会を除く関係機関との会議を指す。

◇ケースカンファレンス・シート
ケースカンファレンス・シートは、ケース会議の際の記録で、議事録と異なり、アセスメント結果、決定した支援目標、期間、役割分担等の計画を記録できるように様式化されたものをいう。

◇校外支援者
校外支援者は、本書では、校内支援者を除く、校外で子どもを支援する人すべてと

する（教育委員会の事業担当者、民生委員・児童委員、主任児童委員、地域住民、児童相談所や家庭児童相談室などの関係機関など）。

◇校内支援者
校内支援者は、本書では、学生ボランティア、不登校支援協力員など、学校に入って子どもを支援する役割の人とする（SC、養護教諭、非常勤の支援員、相談員、用務員などの校内支援者など）。

◇社会資源
社会資源は、生活上のニーズを充足するさまざまな物資や人材、制度、技能の総称。社会福祉施設や介護サービス、社会生活に関する情報提供なども含まれる。これらを供給主体から分類すれば、行政や社会福祉法人によるサービスなどのフォーマルなものと近隣の人々や友人などのインフォーマルに分けられるが、その境界は明確ではない（山縣・柏女 2010：150）。

◇終結
ソーシャルワークの援助を終結する最終段階。クライエントにとっては、援助過程への積極的参画によって得た成果を維持し、次の経験へ歩んでいく移行期でもある（山縣・柏女 2010：174）。

◇スーパーバイザー
スーパーバイザー（SVr）は、スーパーバイジーに対してスーパービジョンを行う熟練した指導者のこと。文部科学省「スクールソーシャルワーカー活用事業実施要領」（平成21年3月31日）の「事業の内容」に「スーパーバイザーの配置」として規定された、「スクールソーシャルワーカーに適切な指導・援助ができるスーパーバイザーを学校・教育委員会等に配置」のことを指す（文部科学省 2009）。ただし、スーパービジョンの学術的意味とは異なる。

◇スーパービジョン
スーパービジョン（SV）は、管理的・教育的・支持的機能の3つの機能をもつ。管理的機能とは、機関の目的に即して効果的にサービスが提供できるようにすることである。また、ワーカーが力を発揮できる組織づくりやワーカーの力量に応じたケースの配分等もこの機能に含まれる。教育的機能とは、主にケースへの指導を通して実践に必要な価値、知識、技術を具体的に伝えることである。これは、現任訓練の側面からも重要な意味をもつ。また、支持的機能とは、信頼関係に裏打ちされたスーパービジョン関係を通して、ワーカーの実践をスーパーバイザーが精神的にサポートすることである（山縣・柏女 2010：218）。

◇要保護児童対策地域協議会
要保護児童対策地域協議会は、2004年の児童福祉法改正により法定化された市町村における児童家庭相談体制強化を図るための協議会である。虐待を受けた子どもをはじめとする要保護児童の早期発見や援助・保護を図るため、地域の関係機関や民間団体等が情報や考え方を共有し、適切な連携のもとで援助していくためのネットワークである（山縣・柏女 2010：366）。

◇連絡協議会
連絡協議会は、SSWer活用事業を効果的かつ円滑に実施するため、SSWerとの活動報告、関係機関等との情報交換や連絡調整等を行う場である（文部科学省 2009）。

効果的なスクールソーシャルワーク事業プログラムの
効果的援助要素項目

＜チェックのつけ方＞
　組織計画は教育委員会担当者が、サービス利用計画はSSWerが実施します。1か月あるいは2か月と期間を設定し、各チェックボックスの□、△（下位項目）に、実施した場合、チェックをします（各項目の説明は、第7章）。項目の重みづけをしたフィデリティ尺度で自動計算するWebで実施、効果との関連結果の表示ができるよう開発しています。本著で示したように、いくつかの項目はすでに効果に反映できる項目として実証しています。

1）組織計画

A.（年度ごとの）事業開始に向けた情報収集
A-1　　学校・地域の実態把握と課題分析
□児童生徒の問題に対して支援ができる教育委員会内の機関・人材とその相談事例の内容や件数などを具体的に知っている
　　　△適応指導教室　△教育センター　△SC活用事業　△その他の教育相談促進事業
□児童生徒の問題に対して支援ができる教育委員会以外の機関・人材とその相談事例の内容や件数などを具体的に知っている
　　　△家庭児童相談室・市町村の児童相談部局　△要保護児童対策地域協議会　△児童相談所　△福祉事務所　△保健所　△警察　△少年サポートセンター　△発達障害者支援センター　△精神保健福祉センター　△婦人相談所　△法テラス　△地域包括支援センター　△ひきこもり地域支援センター
□全国と比較して、地域ごとの問題行動や学校の実態について、以下の統計や関係機関から情報を得て分析を行っている
　　　△犯罪率　△生活保護率　△就学援助率　△ひとり親家庭率　△不登校出現率　△いじめ認知件数　△暴力行為発生件数　△児童虐待件数
□児童生徒の生活や背景となる問題（経済的困窮など）を事例レベルで把握する仕組みを持っている
□児童生徒の生活や背景となる問題（経済的困窮など）をデータ化して検討する
□児童生徒の問題について、データ分析に基づいて、上司に改善の必要性と方法を提言している

A-2　　ソーシャルワークの視点を持つ人材の必要性を認識
□教員とは異なる視点で、子どもの側に立って、家族や周りの人にどのように働きかけるかを一緒に考えてくれる人材が必要であると感じる
□学校現場に福祉機関と学校をつないでいく人材が必要であると感じる

□潜在的に支援を必要としている子ども・保護者に働きかける人材が必要であると感じる
□学校現場に社会福祉の知識や考え方を加えることが必要だと認識する

A-3　　SSWに関連する情報収集
□全国のSSWerの活動の情報を収集する担当を教育委員会内に置く
□他の都道府県・市区町村のSSWer活用事業を視察したり、資料を取り寄せたりしてSSWに関する情報を収集する
□SSW研修会・講演会・ワークショップなどに参加し、SSWに関する情報を収集する
□社会福祉に関する職能団体の情報を収集する
□収集した情報をもとに、子ども・保護者にSSWerがどのような働きをするのかをシミュレーションする
□ソーシャルワーカーを養成する地域の大学や社会福祉士会などとのつながりを持ち、人材について情報収集する
□ソーシャルワーカーを養成する地域の大学や社会福祉士会などとのつながりを持ち、SSWerの専門性について学ぶ
□SSW導入の効果について調べる

B. 戦略を練る
B-1.　　課題分析（A-1）と情報収集（A-3）をふまえたフレイム作り
□児童生徒の問題について、どのくらいの期間で、何をもって、どう改善するのかを明らかにする
□事業の戦略をともに練り上げてくれる職能団体の協力者や学識経験者などやSVrを探し、意見交換会を開いたり、会議組織を作ったりして事業の土台を作る
□校長会役員、SVr、SCなど他事業の関係者（D-2参照）に対し、A-1で把握した教育委員会内外の機関の相談事例の内容や件数などについて情報提供しながら、事業企画に向けて意見を聞く場を持つ
□校長会役員、SCなどから聞いた意見をふまえて、社会福祉の視点を持つ、SVrや事業を練り上げてくれる職能団体の協力者や学識経験者などとコミットしながら、教育委員会担当者が主導的に事業の狙いと成果指標とを決定する
□A-1で把握した、教育委員会内にある機関の相談事例の内容や件数などから、事業計画を作成する
□A-1で把握した、福祉機関の相談事例の内容や件数から、事業計画を作成する

C. 職務内容の設計
C-1　　教育委員会の戦略を形にする
☐都道府県教育委員会・市町村教育委員会・学校・SSWer・SVrの関係の全体構造を示す図を作る
☐都道府県教育委員会・市町村教育委員会・学校・SSWer・SVrの役割分担を決める
☐狙いや成果指標を踏まえてSSWerの勤務体系を決定する
☐狙いや成果指標を踏まえてSSWerの配置形態（配置型・派遣型・拠点型など）を決定する
☐事業の戦略をともに練り上げてくれた職能団体の協力者や学識経験者などを含めて連絡協議会を立ち上げる
☐他事業（D-2参照）と系統性や関連性を持たせる計画を立てる
☐Bで練った戦略を基に、主導的にSSWer活用事業実施要綱・実施規則を作る
（C-2、C-3の協議は戦略を形にしてから実施することを念頭に）
☐A-3で収集したSSWに関する情報をもとに、SSWer活用ガイドラインを作る
☐SSWer活用依頼から終了までのフロー図を作り、必要な書類様式を整える
☐以下のところに働きかけるための行動計画を立てる
- △教育委員会自体でやること　（具体的には、D-2参照）
- △SSWer　（具体的には、C-2参照）
- △学校　（具体的には、C-3、C-4参照）
- △SVr　（具体的には、C-4参照）
- △関係機関　（具体的には、C-5参照）

☐事業を円滑に進めるためにSSWに関する情報を校長会などで発信する
☐やるべきことを年度始めに確定する
- △学校へのSSWer導入に関する周知徹底
- △学校で行う、SSWer同席の上でのSSWerの活用方法の打合せ
- △校長会・教頭会や、生徒指導担当、特別支援教育コーディネーター、養護教諭などの担当者会議を活用したSSWerの業務や動きの周知
- △校内研修を早い段階で実施することを提案
- △ケース会議をモデル的に早い段階で実施することを提案
- ＜配置型＞以下について、学校に指導する
- △校内にSSWer担当教員を置く
- △校内での定例の管理職・SSWer担当教員との調整会議を設置する
- △校内委員会（子ども支援委員会・いじめ不登校委員会など）のメンバーにSSWerを加える

☐SSWに関する情報を踏まえてSSW研修会やシンポジウムなどの周知活動を広く市民に向けて行う

□若手教員や教職志望者などの研修でSVrがSSWerの業務や動きを具体的に周知する機会を設ける
□関係機関の初任者研修などにおいて、SVrがSSWerの業務や動きを具体的に周知する機会を設ける

C-2　　SSWerとの協議
□自治体の最優先課題をSSWerと共有する
□SSWerと、SSWerの活用に関する認識をすり合わせ、事業全体に関して役割分担する
□SSWerと、教育委員会のニーズを踏まえて活動内容を設定する
□SSWerと、学校のニーズを踏まえて活動内容を設定する
□現状のSV体制をSSWerに向けて説明し、より効果的な活用の仕方を協議する

C-3　　管理職・SSWer担当教員との協議
□教育委員会担当者がSSWerの業務や動きを具体的に管理職に説明する
□管理職・SSWer担当教員と、SSW活用に関する両者の認識をすり合わせる
□管理職・SSWer担当教員と、学校のニーズを踏まえて活動内容を設定する
□管理職・SSWer担当教員に、SV体制を説明する
＜派遣型＞
□管理職・SSWer担当教員と、SSWer活用の手順を確認する
□校内の教育相談体制やケース会議の仕組みを用いて、SSWer活用事業を開始・展開する

C-4　　SVrとの協議
□SSWerの活用形態や役割についてSVrと協議する
□SVrと相談し、SSWの導入や展開方法を定期的に協議する
□事業の企画についての意見交換をSVrと定期的に行う
□若手教員や教職志望者など、次世代の学校を担う教員の研修でSVrがSSWerの業務や動きを具体的に周知する機会を設ける
□関係機関の初任者研修などにおいて、SVrがSSWerの業務や動きを具体的に周知する機会を設ける

C-5　　関係機関に対する戦略の実行
□SSW導入に関する周知を、関係機関に対して徹底する
□SSWerとともに関係機関を訪問し、SSWerを紹介する
□教員と関係機関との情報交換の機会を設定することなど、SSWerとともに学校に提案する

□関係機関の業務への理解を促すために、関係機関が行う研修への参加をSSWer に呼びかける
□SSWerの業務への理解を促すために、教育委員会が行うSSWerに関する研修への参加を、関係機関担当者に呼びかける

D.　事業の配置
D-1　　SSWerの配置
□社会福祉の知識（制度やサービスなど）を理解している人材を積極的に採用する
□学校現場を理解している人材を積極的に採用する
□社会福祉援助技術（グループワークなど基本的なソーシャルワークスキル）を所持している人材を積極的に採用する
□ソーシャルワーカーの倫理綱領など、ソーシャルワークの価値に関する理解の深い人を積極的に採用する

D-2　　他事業などを活用する事業配置
□SSWer活用事業が機能するよう教育委員会内にある機関（適応指導教室・教育センター・SC活用事業）と事業連携させて事業を開始・展開する
□子育て支援や幼児教育の観点（家庭教育支援事業、相談事業など）、特別支援教育の観点（特別支援教育総合推進事業など）、地域支援の観点（学校支援や社会教育事業、地域福祉に関する事業など）から行われている事業と事業連携させて事業を開始・展開する
□校内の教育相談体制やケース会議の仕組みを用いて、SSWer活用事業を開始・展開する

D-3　　SVrの配置
□SVrを月1回以上定例的に活用し、ケーススーパービジョンと事業管理のための会議を行う
□課題分析と情報取集をふまえた事業土台にかなった複数の専門領域のSVrを確保する
（例：社会福祉士　精神保健福祉士　臨床心理士　弁護士など法律の専門家　教員OB　警察　大学教員）
□子ども家庭福祉分野のSWer経験を有するSVrを配置する
□SSWerに対して専門的見地から助言できる人材を採用する
□教育委員会担当者に対して社会福祉の専門的見地から事業運営について助言できる人材を採用する

D-4. SSWer活用事業に関連する人材の配置
- □SSWerの担当者を学校に置く
- □教育委員会に担当者を置き、SSWer要請連絡の窓口とするとともに、学校とSSWerとのパイプ役とする（例SSWer活用の目的の明確化を、学校、SSWer双方に促す）
- □教育委員会にSSWer活用事業の苦情受付担当者を置き、責任をもって迅速に解決に臨む
- □SSWerの活動を補佐する人材を配置する。（SSWerサポーターの配置、既存人材の活用など）

E. SSWerの資質の向上と維持
E-1　SV体制の構築
- □初任時（あるいは年度始め）にSVrがSSWerとともに学校に入ってどう動くか具体的に助言する
- □SVrがケース会議に同行し、実地に指導する
- □SVrが校内研修などの研修に関して実地に指導する
- □SVrが困難な場面に同行し、実地に指導する
- □初任時は必ず、期間を決めて個別SVを実施し、個別の資質向上をはかる

E-2　連絡会の構築
- □SVrを入れて連絡会を開催し、SVrの助言、指導を受ける
- □連絡会で情報交換を行うことでSSWerがうまく機能するように働きかける
- □連絡会において、子どもや教員にとってSSWが有効であることを学校に伝える
- □SSWerの課題をキャッチする
- □SSWer活用事業の課題をキャッチする

＜都道府県教育委員会＞
- □SSWerを活用している市町村教育委員会担当者を含めて、連絡会を開催する
- □市町村教育委員会担当者とSSWerが話し合える場を設定する

＜市町村教育委員会＞
- □年に何度か、SSWerを活用している学校（管理職・SSWer担当教員など）を連絡会に招集する

E-3　研修会・勉強会の開催
- □採用時に初任者研修を行う
- □定期的に現任者研修を行う
- □地域の課題分析と情報収集の結果を踏まえた研修内容を体系的に実施する
　　　（例：△問題種別研修　△模擬ケース会議研修　△自治体の組織的な動きに関

する研修　△家庭児童相談員、などとの合同研修　△職能団体と共に開催する研修）
☐SSWerと、活用した他事業（D-2）の家庭教育支援員、コミュニティソーシャルワーカー、家庭児童相談員などとの定期的な会議の場を設定する
☐「スクールソーシャルワーカーの自己チェックリスト」を配布し、研修などで活用する

E-4　相談援助活動のデータベース化
☐データの作成：以下を作成している（以下△のうち３つにチェックが入れば☑とする）
　　△日報　△月報　△ケース台帳　△ケース記録　△ケースカンファレンス・シート　△引き継ぎ　△関係機関送致
☐データの活用：以下を活用している（以下△のうち３つにチェックが入れば☑とする）
　　△日報　△月報　△ケース台帳　△ケース記録　△ケースカンファレンス・シート　△引き継ぎ　△関係機関送致
☐データの蓄積：以下を蓄積している（以下△のうち３つにチェックが入れば☑とする）
　　△日報　△月報　△ケース台帳　△ケース記録　△ケースカンファレンス・シート　△引き継ぎ　△関係機関送致
☐データの決裁：以下の決裁を責任をもって行う（以下△のうち３つにチェックが入れば☑とする）
　　△日報　△月報　△ケース台帳　△ケース記録　△ケースカンファレンス・シート　△引き継ぎ　△関係機関送致
☐データの保管：以下を、学校や教育委員会で安全な場所に保管できるよう指導する（以下△のうち３つにチェックが入れば☑とする）
　　△日報　△月報　△ケース台帳　△ケース記録　△ケースカンファレンス・シート　△引き継ぎ　△関係機関送致

E-5　SSWer勤務環境の整備
☐教育委員会や配置校に固定された席を置く
☐SSWerの活動を理解した環境整備（以下、SSWerが使えるように用意する）
（以下△のうち１つにチェックが入れば☑とする）
　　△名刺　△自転車　△携帯電話（電話機）　△パソコン（インターネット接続）
☐待遇を改善する取り組みを行っている（以下△のうち２つにチェックが入れば☑とする）
　　△身分保障（雇用年限なし）△社会保障（社会保険など）　△電話代　△交通費支

給　△賃金保障（臨床心理士と同等など）　△勤務時間中の研修の保障
□SSWerの記録を保管する場所を確保する
□記録をつける時間を保障する
□SSWer同士がサポートを行える場を提供する

F.　事業・実践の評価
F-1　　SSWer活用事業の評価
□評価方法について、SSWer、SVrと協議し、専門性に照らしてSSWが評価できるものにする
□子どものさまざまな課題（いじめ、虐待、暴力行為、不登校など）に対し、SSW活用による効果を課題の状況変化から評価する
□学校や教員のさまざまな課題（学級崩壊、校内体制づくりなど）に対し、SSW活用による効果を課題の状況変化から評価する
□SSWer活用事業を適正に評価し、公開する（議会、研修、さまざまな会議など）
□関係機関にSSWer活用に関する調査を実施し、SSWer活用事業・実践の評価を受ける
□学校に調査を実施し、SSWer活用事業・実践の評価を受ける
□SSWerへの苦情を分析し、事業の課題を洗い出す

G.　事業の拡充
G-1　　SSWer活用事業発展に向けた会議
□SVrと、これまでの活動を振り返り、新たな活動（たとえば地域ネットワーク、非行のサポートチームなどにつながる方法など）を設定する
□SSWerと、これまでの活動を振り返り新たな活動を設定する
□管理職・SSWer担当教員と、これまでの活動を振り返り新たな活動を設定する
□SVrと、SSWer活用事業の今後に向けて議論する
□SSWerと、SSWer活用事業の今後に向けて議論する
□SSWer・SVrと、SSWer活用事業の今後に向けて場を同じくして議論する
□SSWerの活用を推進するために配置形態（配置型・派遣型・拠点型など）を状況に合わせて柔軟に変更する

G-2　　SSWer活用事業の強化
□窓口の明確化、書式の簡素化などSSWerを活用しやすいような手続きを取る
□SSWerの配置について、何年間かで異動や増員をし、SSWの手法を広げる
□SSWの理解を図るための研修（校内・自治体内など）を行う
□教員や教育委員会担当者にケース会議を理解してもらうための研修を行う
□SSWerのこれまでの活動を確立した仕組みにする

- □SSWer活用事業と関連させた新しい事業を企画する
- □SSWer配置の根拠となる条例や規則などを作成する
- □SSWの評価を子ども・保護者や学校から集め、議会に提言する
- □地域の大学と連携し、実習を受け入れるなど、SSWer養成や育成をバックアップする
- □SSWのねらい・位置づけ・多様な活用方法を成果物としてまとめる

<u>G-3　　SSWer活用事業の効果発信</u>
- □SSWer活用事業の効果について、教育委員会内のトップや他部局に報告し、協力体制を作る
- □SSWer活用事業の効果について、校長会や職員研修会で報告する
- □SSWer活用事業の実績について、都道府県・国レベルに報告する
- □SSWer活用事業の効果について、研究会や学会などで口頭や文書で発信する
- □マスメディアからの発信を活用して、SSWer活用事業の効果を広める

2）サービス利用計画

<u>SSWerとしての基本的な姿勢</u>
※この項目は本マニュアルでのエビデンスに基づく評価の対象ではありません。しかし、実践上は非常に重要です。
- □子ども・保護者に対してSSWerとしての基本的な姿勢を持っているか
  - △一人ひとりの子ども・保護者を個人として尊重する
  - △子ども・保護者のパートナーとして一緒に問題解決に取り組む
  - △子ども・保護者の利益を第一に考える
  - △子ども・保護者の秘密を守る
  - △子ども・保護者の問題よりも可能性に目を向ける
  - △子ども・保護者が物事を自分で決めるようにサポートする
  - △子ども・保護者個人に責任を求めるのではなく、環境との相互影響に焦点を当てる（エコロジカルな視点）
- □面接において、ケースワークの原則に基づいて実施しているか
  - △個別化の原則
  - △統制された情緒的関与の原則
  - △非審判的態度の原則
  - △秘密保持の原則
  - △意図的な感情表現の原則
  - △受容の原則
  - △自己決定の原則
  - △専門的援助関係の原則

A. 学校組織へのアプローチ
A-1　　学校アセスメント（さまざまな資源を活用して学校の状況を把握する）
□把握することについて
　　　△管理職がSSWerの役割をどう理解しているかを把握する
　　　△管理職のSSW活用のニーズを把握する　△管理職と他の教員との人間関係を把握する
　　　△学校における合意形成のプロセスを把握する
　　　△校内チーム支援体制の現状を把握する
　　　△その学校特有の教員の動き方を把握する
　　　△教員同士の力関係を把握する
□聞くことについて
　　誰から　△管理職から聞く　　　△管理職以外の教員から聞く
　　　　　　△学校事務など、教員以外の職員から聞く
　　　　　　△校内支援者から聞く　△生徒指導主事から聞く　△校外支援者から聞く
　　何を　　△校務分掌を聞き取ったり、その資料などを入手する
　　　　　　△不登校率を聞き取ったり、その資料などを入手する
　　　　　　△就学援助率を聞き取ったり、その資料などを入手する
　　　　　　△生活保護率を聞き取ったり、その資料などを入手する
□観察することについて
　　　△職員室の職員のSSWerへの反応を観察する
　　　△掲示物を観察する
　　　△ゴミの散乱状態を観察する　△靴箱の状態を観察する　△トイレの状態を観察する
　　　△廊下の状態、汚れ方を観察する　△学校備品などの破損状態を観察する
□以上から得た情報を整理し、活動を開始する前に、学校の状況をアセスメントする
□以上の学校アセスメントを経て、子ども・保護者・他の教員から信頼されているキーパーソンを見つける

A-2　　地域アセスメント（さまざまな資源を活用して地域の状況を把握する）
□把握することについて
　　何を　　　△インフォーマルを含めた地域資源の種類を把握する
　　　　　　　△インフォーマルを含めた地域資源の役割を把握する
　　　　　　　△インフォーマルを含めた地域資源の対応範囲を把握する
　　どのように△学校行事に参加する（参観や運動会、懇談会など）
　　　　　　　△地域の取り組みに参加する（地域が主催し子どもが参加するもの）
　　　　　　　△校区内を一巡する　△関係機関に出向く
　　　　　　　△地域のさまざまな会議に参加する

□聞くことについて
　　誰から　△管理職から聞く　△管理職以外の教員から聞く　△生徒指導主事から聞く
　　　　　　△民生委員・児童委員から聞く　△主任児童委員から聞く　△警察から聞く
　　　　　　△PTAから聞く　△地域の自治組織から聞く　△保護司から聞く
　　何を　　△地域の歴史や特性を調べたり、聞き取ったりする
　　　　　　△市営住宅の有無を調べたり、聞き取ったりする
　　　　　　△児童養護施設の有無を調べたり、聞き取ったりする
　　　　　　△犯罪率を調べたり、聞き取ったりする
□以上、得た情報を整理し、活動を開始する前に、地域の状況をアセスメントする

A-3　　学校や地域に潜在するニーズの発見
□校内の主要な支援者と話すことで、子ども・保護者へのニーズを把握する
□管理職・教員の何気ない言葉から子どもの異変や教員の抱え込みを発見する
□定例部会（生徒指導部会、校内支援委員会など）に参加し、子どもの注目すべき点を発見し、指摘する
□ケース会議の場以外での教員の会話の中で、子どもの注目すべき点について述べる
＜配置型のみ＞
□定例部会（生徒指導部会、校内支援委員会など）に参加して、子どもへのニーズを把握する
□雑談・授業の参観などを通して、子ども・保護者に関する担任のニーズを把握する
□校内を観察して（できれば定期的に）、支援の必要な子どもを発見し、支援対象として教員と共有する
□教室に入って、授業中の子どもの様子から異変や教員の抱え込みを発見する

A-4　　学校組織に働きかけるための戦略を立てる
□学校アセスメントに基づいて、学校の課題について管理職などと話し合いを持つ
□学校が相談活動をSSWerに依頼するかどうかの意向を確認するとともに、どのようなゴールに至ればSSW活動が終結となるのかイメージをすり合わせる
□A-3で発見した潜在的ニーズを管理職・SSWer担当教員などと共有し、今後の対応（誰を中心に展開するか、学校のどの場で共有するかなど）の流れを確認する
□管理職・SSWer担当教員と、教育委員会担当者のニーズを踏まえて活動内容を設定する
□個別の問題解決・改善だけでなく、校内にチーム支援体制づくり、支援のための会議の定例化を提案する

A-5　　教員のニーズに沿う
□教員のニーズに合わせて子ども・保護者について一緒に考える
□担任と学級の環境や雰囲気について一緒に考える
□教員の活動や考えについて、SWの視点から賛同する旨を伝える
□教員の方針を教員から聞き取った上で、SSWerの方針とすり合わせる

A-6　　相談活動の推進
□教員が気軽に相談できるような多くの機会（ミニケース会議など）や場を設ける
□研修やケース会議などを通して、多数の教員と話す機会を作る
□SSWerの活動を学校行事や時間割に配慮して行い、学校に受け入れられるものにする
□教員が対応しにくいと思われる子ども・保護者について、SSWerが活用できることを管理職、担任、その他の教員に伝える
□教員がまだ課題に気付いていない子ども・保護者に関してSSWerのアセスメントした結果を教員に伝え、個別の事例としてSSWer自身に直接つなぐよう依頼する

A-7　　子ども・保護者の共同アセスメント
□子どもの変化や教員の知らない子どもの側面について、教員が気づくよう、子ども・保護者を代弁する
□教員が子ども・保護者のストレングス（強み・長所）に着目するように、意図的に子ども・保護者を代弁する
□子ども・保護者に確認しながらニーズを探っていく方法を、教員に伝える
□日常場面において、子ども・保護者に関する情報を教員から聞き出し、教員と共同で子ども・保護者をアセスメントする
□相談のあった事例についてのSSWerのアセスメントを教員に伝える
□相談のあった事例について、起こりうるリスクを教員と共に洗い出し、手だてを講じる

A-8　　関係機関と学校の仲介
□教員と関係機関との情報交換の機会を設定するようSSWer担当教員に働きかける
□関係機関からの子ども・保護者に関する情報を伝えて、教員に働きかける
□関係機関からの子ども・保護者に関する情報の内容に応じて、管理職や担任など伝える相手を適切に選ぶ
□教員に各子ども・保護者について適切な関係機関を、活用方法を含めて具体的に提示する

□教員に関係機関の基本的な情報（役割、専門性、守秘義務など）について説明する
□必要に応じて関係機関と連絡を取ったり、関係機関と学校が子ども・保護者を支援する上で役割分担に重複や不足が生じないよう調整する
□各関係機関と学校が互いの限界を理解して連携できるよう、それぞれの限界を他に対して解説する

A-9　ケース会議実施前の活動
□教員にケース会議のメリットについて説明する
□子ども・保護者のストレングス（強み、長所）に着目できるように、ケース会議の参加者を教員とともに選定する　(以下△のうち１つにチェックが入れば☑とする)
　　△子ども・保護者のよかったころを知っている人
　　△子ども・保護者をポジティブに捉えている人
□ケース会議の目的や見通しを教員と明確にする
□連携ケース会議のために、今までのアセスメント・それに対する支援状況を教員と再確認する
□連携ケース会議における目的や見通しを教員と確認する

A-10　ケース会議の実施（インテーク、情報収集・整理）
□ケース会議のはじめに、守秘義務について確認する
□ケース会議において、把握されていない子どもの背景が伝わるように意識する
□ケース会議において、情報を整理する
□ケース会議において、担任まかせではない視点が生まれるよう発言を行ったり他者の発言を拾ったりする
□ケース会議において、ポジティブな発言を行ったり他者のポジティブな発言を拾ったりする
□ケース会議において、多面的な視点が導入されるよう、多くの意見の出現を意図して会議の流れを作る

A-11　ケース会議の実施（アセスメント、プランニング、モニタリング）
□ケース会議において、アセスメントを参加者共同で行う
□ケース会議においてアセスメント用のフォーマット、エコマップなどソーシャルワークのツールを活用してアセスメントする
□アセスメントに基づいて、具体的目標を設定し、誰が、いつまでに、何をするのかを決定する
□ケース会議において、校内外の支援者と学校が協働して支援するプランニング

（支援目標を決め、目標達成に向けた役割分担）を行う
☐ケース会議において、教員に達成感がもたらされるような発言を行う
☐ケース会議後に目標に対する変化が出そうな時期などを選び、次回のモニタリングのためのケース会議の時期を決める

A-12　ケース会議実施後の活動
☐支援目標にぶれが生じていないかチェックする
☐ケース会議後にプランが忘れられている、間違って理解されているなど何らかの理由でなされていないとき、目標に向けたプランについて、より具体化させて教員に伝える
☐ケース会議で目標としていた事を認識しているが実行できなかった場合、関係する教員に意識的に相談をもちかける
☐ケース会議の後に短期目標や役割分担のフィードバックと微調整を行う

A-13　さまざまなケース会議の実施
☐小中連携ケース会議を提案し実施する
☐要保護児童対策地域協議会を活用して学校でケース会議を行う
☐地域の既存の会議を活用してケース会議を行う
☐保護者をチームの一員ととらえ、できる限り保護者を入れたケース会議を実施する
☐連携ケース会議で、各参加機関の対象者やサービスの限界を明らかにする
☐連携ケース会議の参加機関とともに、情報共有（守秘義務など）の方法を決める

A-14　プランの実行
☐教員にプランの実行を依頼する
☐教員に対してプランを実行するための心理的サポートを行う
☐教員と一緒にプランの実行を確認しながら相談援助活動を行う
☐子どもや保護者に働きかけた後、必要なことは本人の了解を得て教員に報告し、申し送りをする
☐本人の了解を得て、教員に子どもや保護者の思いを代弁して伝える
☐必要性を見極めて管理職などをエンパワーメントし、問題に対し学校マネジメントができるよう、丁寧にサポートする
☐必要性を見極めて、管理職が教員間の課題に介入し調整するのをサポートする
☐必要性を見極めて保護者と教員の間を話し合いの場を作るなど調整・サポートする
☐必要性を見極めて管理職などと教員の間を調整・サポートする
☐校内の会議、保護者会などを活用して、学校システムに変革が起きるようプラン

を実行する（いじめ、学級崩壊など）
☐特定の課題について校内プログラムを立ち上げる（例：居場所・SSTなどの、長期欠席生徒の別室プログラム）（B-4参照）

A-15　モニタリング
☐相談を受けた事例については、最低1回、時期を決めてモニタリングを行う
☐役割を担っている教職員をねぎらう
☐ケース会議で決めた役割を担っている教職員から定期的にプランの進行状況を把握し、共にモニタリングする
☐効果があったこと、なかったことを明確にする
☐足りない情報・足りないアプローチを明確にする
☐必要に応じて再アセスメントをして対応を修正、変更していく
☐管理職・SSWer担当教員と、これまでの活動を振り返り新たな活動を設定する
☐SSWの定着・拡充のために管理職・SSWer担当教員と協働して、教育委員会や関係機関に働きかける

B．教育委員会へのアプローチ
B-1　　SSWer活用に関する目標設定
☐SSWerの役割を教育委員会担当者がどう把握しているかを確認したうえで、説明を行う
☐自治体の特徴（例：犯罪率　生活保護率　就学援助率　ひとり親家庭率　不登校出現率　いじめ認知件数　暴力行為発生件数　児童虐待件数）を把握した上で教育委員会のニーズを確認する
☐事業の目標設定をしやすくするために、自治体の最優先の課題を教育委員会担当者と共有する
☐上記の課題に基づいて、教育委員会のニーズを踏まえてSSWer活用の目標と活動内容を設定する
☐教育委員会担当者と、SSW活用に関する両者の認識をすり合わせ、役割分担をする
☐教育委員会担当者個人の動きではなく、教育委員会が組織的な動きになるように働きかける

B-2　　SSW活動の定期的な報告・連絡・相談、学校との調整
☐SSWerの活動の開始時や困ったときに、教育委員会担当者に学校への同行を依頼する
☐活動状況（SSWerの動き・担当している相談事例の進捗・学校の様子など）について教育委員会担当者に相談あるいは定期的に報告を行う

- □学校および関係機関から教育委員会担当者に入る情報を取得する
- □社会福祉士会など職能団体や大学が主催の、教員が受講可能なSWについての研修の情報を提供する
- □SSWerが把握した学校の要望について教育委員会担当者に依頼する

B-3　困難事例などに向けた協働
- □子ども・保護者にとって必要な社会資源へのつなぎを教育委員会担当者に依頼する
- □ケース会議への出席を教育委員会担当者に依頼する
- □ケース会議に出席する教育委員会担当者とケース会議の目的や進行に関する事前打ち合わせを行う
- □相談援助活動について定期的に教育委員会担当者と共にモニタリングを行う
- □学校の状況に関して、定期的に教育委員会担当者と話し合う

B-4　プランの実行（マクロアプローチ）
- □自治体内全体の学校にケース会議を共有する仕組みやSSW研修の制度などを新しく作る
- □外国につながる子どものプレスクールの設置を働きかける
- □小・中・高校生の乳幼児とのふれあい体験の制度化を提案する
- □学習支援プログラムの制度化を提案する
- □小・中・高校生の居場所づくりの制度化を提案する

B-5　教育委員会担当者とのモニタリング（マクロアプローチ）
- □教育委員会担当者と、定期的に活動を見直し、評価を行う
- □教育委員会担当者と、定期的に活動を見直し、修正の必要なところに対応する
- □教育委員会担当者と、これまでの活動を振り返り、新たな活動を設定する
- □SSWer自身の自己評価を教育委員会に提出する
- □SSWerの活動の評価を行い、課題を抽出する

B-6　SSWの手法を浸透させるための働きかけ（マクロアプローチ）
- □SSWの理解を図るための研修（校内・自治体内など）を行う
- □教員や教育委員会担当者にケース会議を理解してもらうための研修を行う
- □教育委員会担当者の理解のもと、学校で教員と勉強会を実施する
- □教育委員会担当者の理解のもと、学校で教員だけでなく教員以外の専門職も加えて勉強会を実施する
- □成果・結果などの情報を教育委員会担当者に発信する

B-7　SSW事業化への働きかけ（マクロアプローチ）
□SSW事業化前に、教育委員会担当者に対してSSWの意義・必要性・効果をデータに基づいて説明する
□子ども・保護者・SSWにまつわるさまざまな効果を測り、分析し、教育委員会や社会に働きかける
□教育委員会担当者などと協働して、自治体の首長部局に働きかける

C．関係機関・地域へのアプローチ
C-1　　関係機関との関係性構築（マクロアプローチ）
□関係機関・NPOなどを理解することができる研修を、管理職・SSWer担当教員と企画・実施する
□教育委員会担当者などと協働して、SSWer導入が周知されていない、あるいは教育委員会がまだつながりをもたない関係機関に働きかける
□よりよい連携をはかるために、各機関の対象者やサービスの限界を明らかにしていくよう働きかける
□教育委員会と協働して、要保護児童対策地域協議会においてSSWerが機能できるよう、関係機関に働きかける
□地域のネットワークが機能するよう、適切な関係機関に働きかける
□関係機関やNPOなどの社会資源が持つ課題を当該関係機関に提起する

C-2　　関係機関・地域への基本的な活動
□SSWerの役割を関係機関・地域がどう把握しているかを確認したうえで、説明を行う
□担当者同士の連携のため、日常的に関係機関に訪問や電話をする
□関係機関によるアセスメントの内容を確認する
□子ども・保護者に応じて関係機関とともにアセスメントを行う
□子ども・保護者に応じて関係機関の立場やこれまでの活動の経緯などを代弁し、関係機関・地域との仲介をする
□子ども・保護者に応じて関係機関・地域から得た情報をどこまでどのように学校に伝えるかを関係機関とともに確認する（内容も含めて）
□子ども・保護者に応じて要保護児童対策地域協議会を活用する
□子ども・保護者に応じて関係機関とともに足りない社会資源を創出する

C-3　　連携ケース会議実施前の活動
□連携ケース会議の目的や見通しを関係機関などと共に明確にする
□連携ケース会議の参加者の選定を関係機関などと共に行う
□連携ケース会議に参加する関係機関などに、学校との調整をした事例の今後の対

応方針を伝える
☐連携ケース会議（主催）への出席を、関係機関、関係者に適切なルートを通して依頼する

C-4　　連携ケース会議実施中および実施後の活動
☐連携ケース会議の中で、学校が知らなかった子どもや保護者の様子について関係機関・地域から情報を得る
☐連携ケース会議の中で、学校や校内外の支援者の苦労をねぎらう
☐関係機関・地域に子どもや家庭への支援を依頼する
☐役割を担っている関係機関・地域の支援者にプランの進行状況を聞く
☐関係機関などとともにモニタリングを行う

D．子ども・保護者へのアプローチ
D-1　　子ども・保護者のアセスメント
☐観察することについて
　　どのように　△一定時間クラスに入る（授業中、給食や掃除の時間など）
　　　　　　　　△学校行事に参加する　△地域の取り組みに参加する（地域が主催し子どもが参加するもの）
☐把握することについて
　　どのように　△学校行事に参加するなど子どもとかかわる　△学校行事に参加するなど保護者とかかわる
　　　　　　　　△子どもとの面談を実施する　△保護者との面談を実施する
　　　　　　　　△アセスメントに有効な情報を持つ、学校内の関係者から情報を収集する
　　　　　　　　△アセスメントに有効な情報を持つ、学校外の関係者から情報を収集する
　　誰から　　　△子どもが一番信頼を置いている人（学校内の関係者）
　　　　　　　　△子どもが一番信頼を置いている人（学校外の関係者）
　　　　　　　　△子ども・保護者の長所をよく知る人（学校内の関係者）
　　　　　　　　△子ども・保護者の長所をよく知る人（学校外の関係者）
　　　　　　　　△子ども・保護者の過去をよく知る人（学校内の関係者）
　　　　　　　　△子ども・保護者の過去をよく知る人（学校外の関係者）
　　　　　　　　△子ども・保護者のストレングスを引き出せる人（学校内の関係者）
　　　　　　　　△子ども・保護者のストレングスを引き出せる人（学校外の関係者）
　　　　　　　　△これまでに相談してきた関係機関
　　何を　　　　△子どもの状況（過去、現在）　△保護者の状況（過去、現在）
　　　　　　　　△学校と子ども・保護者の関係
　　　　　　　　△子ども・保護者がSSWerの役割をどう把握しているか
☐以上、収集した情報を整理し、子ども・保護者の状況をアセスメントする

D-2　プランの実行
□子どもに対し、アセスメントに基づいたプランを実行する
　　△子どもと会うために家庭訪問をする
　　△落ち着いた場所で子どもと面談を行う
　　△インテークを行い、子どもに別の相談場所を紹介する
　　△ふだん会うことのできない子どもと会うチャンスを意図して作る
　　△子どもの希望を尋ねる（一方的なプランを防ぐ）
　　△具体的なプラン作成を子どもとともに行う（教員と確認しさらに子どもへフィードバック）
　　△子どもが行きづらいと考える場所（少年サポートセンター、児童相談所、教育センターなど）に同行する
□以上の活動を、必要に応じて教員と確認しさらに子どもへフィードバックを行う
□保護者に対し、アセスメントに基づいてプランを実行する
　　△保護者と会うために家庭訪問をする
　　△学校での面談を保護者と行う
　　△保護者に福祉サービスの内容を具体的に説明する
　　△保護者に関係機関（相談先）を紹介する
　　△インテークを行った上で、保護者に別の関係機関を紹介する
　　△直接学校行事を活用して保護者に働きかける（参観や運動会、懇談会など）
　　△ふだん会うことのできない保護者と会うチャンスを意図的に作る
　　△保護者に子どもの様子、学校と共有した見たてを伝える
　　△保護者と学校を仲介するために、保護者に学校（教員）の思いを代弁して伝える
　　△保護者が行きづらいと考える場所（警察・福祉事務所など）に同行する
　　△可能な場合は、保護者にケース会議への参加を促す
□以上の活動を、必要に応じて教員と確認しさらに保護者へフィードバックを行う

D-3　モニタリング
□子どもと面談・電話などを行い、その後の支援の必要性や支援方法を確認する
□保護者と面談・電話などを行い、その後の支援の必要性や支援方法を確認する
□校内で子どもの様子を観察し、その後の支援の必要性を確認する
□教員、関係機関・地域から情報を得て、その後の支援の必要性や支援方法を確認する
□支援がうまくいっていないと判断したときに再アセスメントを行う
＜配置型のみ＞
□モニタリングを行うために学校行事を活用する
＜派遣型のみ＞
□モニタリングを行うために学校へ出向く

D-4　　相談援助活動の記録
□記録の作成：以下を作成している（以下△の3つすべてにチェックが入れば☑とする）
　　　△ケース記録　△ケースカンファレンス・シート　△引き継ぎ
□記録の活用：以下を活用している（以下△の3つすべてにチェックが入れば☑とする）
　　　△ケース記録　△ケースカンファレンス・シート　△引き継ぎ
□記録の決裁：以下の決裁をとる（以下△の3つすべてにチェックが入れば☑とする）
　　　△ケース記録　△ケースカンファレンス・シート　△引き継ぎ
□記録の保管：指導主事の指導のもと、責任をもって安全な場所に保管する（以下△の3つすべてにチェックが入れば☑とする）
　　　△ケース記録　△ケースカンファレンス・シート　△引き継ぎ

文　献

安部計彦（2011）「要保護児童対策地域協議会のネグレクト家庭への支援を中心とした機能強化に関する研究」こども未来財団

Agresta, J.（2004）Professional Role Perceptions of School Social Workers, Psychologists, and Counselors. *Children & Schools*, 26（3）, 151-163

Aguirre, L. M.（1995）California's Efforts toward School-Linked, Integrated, Comprehensive Services. *Social Work in Education*, 17（4）, 217-225

赤尾清子・山野則子・厨子健一（2011）「スクールソーシャルワーク実践に関する実証的研究──教師と家庭のつなぎなおしプロセス」『子ども家庭福祉学』10, 59-68

秋山博介（2009）「スクールソーシャルワークの今後と課題」『実践女子大学生活科学部紀要』46, 29-41

Alderson, J. J., & Krishef, C. H.（1973）Another perspective on tasks in school social work. *Social Casework*, 54（10）, 591-600

Allen-Meares, P.（1977）Analysis of tasks in school social work. Social Work, 22, 196-201

Allen-Meares, P.（1994）Social Work Services in Schools: A National Study of Entry-Level Tasks. *Social Work*, 39（5）, 560-565

Allen-Meares, P.（2007）School Social Work: Historical Development, Influences, and Practices. In P. Allen-Meares（Ed.）, *Social Work Services in Schools*（5th ed., pp. 26-59）Boston: Pearson

Allen-Meares, P.（2008）School Social Work. In T. Mizrahi et al.（Eds.）, *Encyclopedia of Social Work*（20th ed., vol. 4, pp. 3-7）Washington, DC: The NASW Press

Altshuler, S. J.（1997）Trends & issues. A reveille for school social workers: children in foster care need our help! *Social Work in Education*, 19（2）, 121-127

Anderson-Butcher, D., & Ashton, D.（2004）Innovative Models of Collaboration to Serve Children, Youths, Families, and Communities. *Children & Schools*, 26（1）, 39-53

馬場幸子（2011）「虐待を受けた学齢児童へのスクールソーシャルワーク援助」『教育と医学』59（6）, 541-549

Bond, G. R., Evans, L., Salyers, M. P., Williams, J., & Kim, H. W.（2000）Measurement of fidelity in psychiatric rehabilitation. *Mental Health Services Research*, 2（2）, 75-87

Bowen, G. L., & Richman, J. M.（2002）Schools in the Contexts of Communities.

Children & Schools, 24（2）, 67-71

Brown, L, B.（1991）An empirical and ethnic-sensitive approach to school social work practice. In R. Constable et al.（Eds.）, *School Social Work: Practice, and research perspectives*（2nd ed., pp. 50-61）Chicago, IL: Lyceum Books

Chavkin, N. F.（1985）School social work practice: A reappraisal. *Social Work in Education*, 8, 3-13

Chen, H. T.（2010）The bottom-up approach to integrative validity: A new perspective for program evaluation. *Evaluation and Program Planning* 22: 205-214

Clancy, J.（1995）Ecological School Social Work: The Reality and the Vision. *Social Work in Education*, 17, 40-47

Constable, R.（2009）The Role of the School Social Worker. In C. R. Massat, R. Constable, S. Mcdonald, & J. P. Flynn（Eds.）, *School Social Work: Practice, Policy, and Reseach*（7th ed., pp3-29）Chicago, Illinois: Lyceum Books

Costin, L. B.（1969a）An analysis of the tasks in school social work. *Social Service Review*, 43（3）, 274-285

Costin, L. B.（1969b）A historical review of school social work. *Social Casework*, 50（8）, 439-453

Costin, L. B.（1975）School social work practice: a new model. *Social Work*, 20（2）, 135-139

Davis, N. J.（1999）*Resilience: Status of the research and research-based programs*. Rockville, MD: Substance Abuse and Mental Health Services Administration, Center for Mental Health Services

道明章乃・大島巌（2011）「精神障害者退院促進支援プログラムの効果モデル形成にむけた『効果的援助要素』の検討──全国18事業所における1年間の試行的介入評価研究の結果から」『社会福祉学』52（2），107-120

Drake, R. E., & Goldman, H. H.（2005）*Evidence-Based Practices in Mental Health Care*. American Psychiatric Association

Dupper, D. R.（2003）*School Social Work: Skills & Interventions for Effective Practice*. Hoboken: John Wiley

Dupper, D. R., & Evans, S.（1996）From Band-Aids and Putting Out Fires to Prevention. School Social Work Practice Approaches for the New Century. *Social Work in Education*, 18（3）, 187-192

Early, T. J., & Vonk, M. E.（2001）Effectiveness of school social work from a risuk and resilience perspective. *Children & Schools*, 23（1）, 9-31

Franklin, C. G.（1999）Research on practice: Better than you think? *Social Work in Education*, 21（1）, 3-9

Franklin, C., & Streeter, C. L.（1995）School Reform: Linking Public Schools with

Human Services. *Social Work*, 40（6），773-782
Franklin, C., Kim, J. S., & Tripodi, S. J.（2009）A meta-analysis of published school social work practice studies. *Research on Social Work Practice*, 19（6），667-677
Franklin, C., & Allen-Meares, P.（1997）School social workers are a critical part of the link. *Social Work in Education*, 19（3），131-135
Freeman, E. M.（1995）School Social Work Overview. In R. L. Edwards et al.（Eds.）, *Encyclopedia of Social Work*（19th ed., pp. 2087-2099）Washington, DC: The National Association of Social Workers
Frey, A. J., & Dupper, D. R.（2005）A Broader Conceptual Approach to Clinical Practice for the 21st Century. *Children & Schools*, 27（1），33-44
Germain, C. B.（1991）An Ecological Perspective on Social Work in the Schools. In R. T. Constable, J. P. Flynn, & S. McDonald（Eds.）, *School Social Work: Practice and Research Perspective*（2nd ed., pp. 17-29）Chicago: Lyceum
Gitterman, A.（1977）Social work in the public school system. *Social Casework*, 58（2），111-118
Gottlieb, B. H., & Gottlieb, L. J.（1971）An Expanded Role for the School Social Worker. *Social Work*, 16（4），12-21
Hancock, B. L.（1982）School Social Work. New Jersey: Prentice-Hall
原田正文ほか（2004）「児童虐待発生要因の構造分析と地域における効果的予防法の開発」『平成15年度厚生労働科学研究（子ども家庭総合研究所保護事業）報告書』
Hare, I. R.（1994）School Social Work in Transition. Social Work in Education, 16（1），64-68
比嘉昌哉（2000）「山下のスクールソーシャルワークの独自の機能――鵜養のスクールカウンセリングとの比較を通して」『ソーシャルワーク研究』26（2），66-71
堀井雅道（2010）「スクールソーシャルワーク制度の形成と発展の可能性――教育行政における実態及び認識に関する調査分析を通じて」『子どもの権利研究』（17），116-125
法務総合研究所（2001）「『児童虐待に関する研究会』のまとめ（第1報告）」『法務総合研究所研究部報告』11，251-331
岩田美香（2009）「学校からみた子どもと家族の貧困」『家族研究年報』（34），5-14
門田光司（2002）「不登校児童生徒に対する学校ソーシャルワーク実践の役割機能について」『社会福祉学』42（2），67-78
門田光司（2007）「学校現場の混乱の背後にある家族問題と支援方法――学校ソーシャルワークの展開可能性」『社会福祉研究』（98），26-32
門田光司（2009）「全国のスクールソーシャルワーカーの取り組み」『月刊 生徒指

導』39(6), 18-21
郭理恵(2012)「いじめとスクールソーシャルワーク」山野則子・野田正人・半羽利美佳編著『よくわかるスクールソーシャルワーク』ミネルヴァ書房
金澤ますみ(2007)「わが国のスクールソーシャルワークにおける課題:『学校』と『ソーシャルワーク』『カウンセリング』の関係史から」『社会福祉学』48(3), 66-78
警視庁生活安全局少年課(2014)「平成25年中における少年の補導及び保護の概況」
Kelly, M. S.(2008)*The Domains and Demands of School Social Work Practice: A guide to working effectively with students, families, and schools*. New York: Oxford University Press
Kelly, M. S., Berzin, S. C., Frey, A., Alvarez, M., Shaffer, G., & O'Brien, K.(2010)The state of school social work: Findings from the national school social work survey. *School Mental Health*, 2(3), 132-141
Kelly, M. S., Frey, A. J., & Anderson-Butcher, D.(2010) School social work practice: Future directions based on present conditions. *Children & Schools*, 32(4), 195-199
喜多明人(2010)『スクールソーシャルワーカー活用事業に関する意識・実態調査アンケート〈調査結果集〉』早稲田大学
国民教育文化総合研究所・教育行財政改革をすすめるための有識者会議(2013)「教員勤務の『多忙化』解消に向けた提言」
国立教育政策研究所(2014)「教員環境の国際比較(OECD国際教員指導環境調査(TALIS)2013年調査結果報告書)」
駒田安紀・山野則子(2014)「効果的スクールソーシャルワーカー配置プログラム構築に向けた全国調査——教育委員会担当者による効果的プログラム要素の実施状況およびスクールソーシャルワーカーによる実施状況との相関分析」『子ども家庭福祉学』14, 1-12
厚生労働省(2011)「平成22年度 社会福祉行政報告例」
厚生労働省(2012)「要保護児童対策地域協議会の設置・運営状況について」
厚生労働省(2014)「平成25年 国民生活基礎調査」
厚生労働省雇用均等・児童家庭局(2014)「児童虐待防止対策について(児童虐待防止対策のあり方に関する専門委員会第1回資料)」
厚生労働省雇用均等・児童家庭局(2009)「児童養護施設入所児童等調査」
久能由弥(2013)「スクールソーシャルワーカーの実務上の課題——教育委員会担当者とスクールソーシャルワーカーへの基礎調査を通じて」『学校ソーシャルワーク研究』8, 25-36
倉石一郎(2005)「福祉教員制度の成立・展開と教育の〈外部〉:高知県の事例を手がかりに」『人権問題研究』5, 71-90
倉石一郎(2007)「〈社会〉と教壇のはざまに立つ教員:高知県の「福祉教育」と同

和教育」『教育学研究』74（3），360-369
Kurtz, P. D.（1987）A network for the evaluation of school social work practice. *Social Work in Education*, 9（3），197-201
Lee, C.（1987）School Social Work in Louisiana: An Analysis of Practice. *Social Work*, 32, 442-444
Lide, P.（1959）A Study of historical influences of major importance in determining the present function of the school social worker. In G. Lee（Ed.），*Helping the Troubled School Child in School Social Work*, 1935-1955（pp. 109-129）Washington, DC: National Association of Social Workers
正木朋也・津谷喜一郎（2006）「エビデンスに基づく医療（EBM）の系譜と方向性：保健医療評価に果たすコクラン共同計画の役割と未来」『日本評価研究』6（1），3-20
Mash, E. J., & Dozois, D. J.（1996）Child psychopathology: A development systems perspectives. In E. J. Mash & R. A. Barkley（Eds.），*Child Psychopathology*（pp. 3-62）New York: Guilford Press
McCullagh, J. G.（2000）School Social Work in Chicago: An Unrecognized Pioneer Program. School Social Work Journal, 25（1），1-15
源由理子・大山早紀子・高橋浩介ほか（2013）「効果的福祉実践プログラムの形成過程におけるプログラム理論構築の方法——実践家参画型評価ワークショップの活用」日本評価学会春季第10回全国大会発表要旨収録（2013. 5. 26. JICA地球ひろば）
文部科学省（2008a）「文部科学省における自殺対策に資する主な施策について」
文部科学省（2008b）「スクールソーシャルワーカー活用事業（概要）」
文部科学省（2009）「スクールソーシャルワーカー活用事業実施要領」http://www.mext.go.jp/a_menu/shotou/seitoshidou/__icsFiles/afieldfile/2011/11/07/1312658_04.pdf（2013.3.11取得）
文部科学省（2012a）「通常の学級に在籍する発達障害の可能性のある特別な教育的支援を必要とする児童生徒に関する調査結果について」
文部科学省（2012b）「平成23年度　スクールソーシャルワーカー活用事業実施結果（概要）」
文部科学省（2013a）「平成24年度『児童生徒の問題行動等生徒指導上の諸問題に関する調査』について」
文部科学省（2013b）「参考　スクールソーシャルワーカー活用事業実施要領等」http://www.mext.go.jp/a_menu/shotou/seitoshidou/__icsFiles/afieldfile/2013/10/21/1340480_05.pdf（2014.11.1取得）
文部科学省（2014a）「平成24年度要保護及び準要保護児童生徒数について」
文部科学省（2014b）「平成25年度学校教員統計調査（中間報告）」

文部科学省（2014c）「文部科学省における子供の貧困対策の総合的な推進」
村上尚三郎（1969）「学校社会事業に関する一考察」『仏教大学社会学部論叢』（3），67-91.
村上尚三郎（1970）「学校社会事業展開の一試論──教師や子どもの問題を中心にして」『仏教大学社会学部論叢』4, 33-51
内閣府・文部科学省・厚生労働省（2014）「大綱を踏まえた平成27年度概算要求について（子どもの貧困対策会議第2回資料）」
内閣府（2005）「学校制度に関する保護者アンケート調査結果」
中越章乃・小佐々典清・贄川信幸ほか（2013）「実践家参画型ワークショップによる実施マニュアル・評価ツールの開発──退院促進・地域定着支援プログラムの効果モデル形成評価プロジェクトに向けた取り組み」日本評価学会春季第10回全国大会発表要旨集録（2013. 5. 26. JICA地球ひろば）
中里昌子・厨子健一・周防美智子・山野則子（2014）「スクールソーシャルワーカー配置プログラムと効果的要素」『学校ソーシャルワーク研究』（9），5-25
贄川信幸（2013）「家族心理教育実施・普及における実践家参画型評価の取り組み」文部科学省基盤研究A『実践家参画型福祉プログラム評価法研究第4回企画総括研究班研究会：2012年度研究成果報告会（2013. 2. 19.日本社会事業大学）報告資料』
日本学校ソーシャルワーク学会編（2011）『学校ソーシャルワーク研究（報告書）〜スクールソーシャルワーク配置に関する全国自治体調査報告書』
西野緑（2012）「子ども虐待に対応する学校の役割と課題：『育む環境（nurturing environment）』の保障を目的とするスクールソーシャルワークの可能性」『Human Welfare』4（1），41-53
野田正人（2006）「子ども虐待とスクールソーシャルワーク」『子どもの虐待とネグレクト』8（2），190-194
O'Brien, K. H., Berzin, S. C., Kelly, M. S., et al. (2011) School social work with students with mental health problems : Examining different practice approach. *Children & Schools*, 33（2），97-105
お茶の水女子大学（2014）「平成25年度全国学力・学習状況調査（きめ細かい調査）の結果を活用した学力に影響を与える要因分析に関する調査研究」
小川幸裕（2003）「不登校問題におけるスクールソーシャルワークに関する研究」『帯広大谷短期大学紀要』（40），55-65
岡村重夫（1963）『社会福祉学（各論）』柴田書店
奥村賢一（2009）「不登校児童生徒の状況改善に向けた家族支援の有効性に関する一考察──パワー交互作用モデルを基盤にした学校ソーシャルワーク」『学校ソーシャルワーク研究』（4），2-15
小野田正利（2006）『悲鳴をあげる学校──親の"イチャモン"から"結びあい"へ』

旬報社
大崎広行（2005）「スクールカウンセリングの限界を超えて――日本における学校ソーシャルワーク実践の展望」『宮城学院女子大学発達科学研究』(5), 53-62
大崎広行（2009）「日本における学校ソーシャルワークの起源と今日的課題」『宮城学院女子大学発達科学研究』(9), 1-14
大島巌（2012a）「第1回効果的なスクールソーシャルワーカー配置プログラムのあり方研究会」講演資料．大阪
大島巌（2012b）「制度・施策評価の課題と展望」日本社会福祉学会第60回春季大会資料集, 41
大島巌（2015）「ソーシャルワークにおける『プログラム開発と評価』の意義・可能性、その方法――科学的根拠に基づく支援環境開発と実践現場変革のためのマクロ実践ソーシャルワーク」『ソーシャルワーク研究』40 (4), 5-15
大島巌ほか（2010）『効果の上がる退院促進支援事業・就労移行支援事業モニタリングシステムの開発――効果的プログラム要素を活用したフィデリティ尺度の作成』平成21年度日本社会事業大学学内共同研究報告書
大島巌ほか（2012a）CD-TEP｜円環的対話型評価アプローチ法実施ガイド．平成22年度文部科学省・科学研究費補助金基盤研究（A）「プログラム評価理論・方法論を用いた効果的な福祉実践モデル構築へのアプローチ法開発」報告書（主任研究者：大島巌） http://cd-tep.com/ （2014.11.18取得）
大島巌ほか（2012b）福祉系大学におけるプログラム評価教育ガイドライン．文部科学省（平成21年度採択事業）組織的な大学院教育改革推進プログラム（2009-2011年度）福祉サービスのプログラム評価研究者育成報告書．日本社会事業大学
大島巌・贄川信幸・中越章乃ほか（2013）「効果的プログラムモデル形成のための実践家参画型評価アプローチ法の開発：その方法と現状の到達点、課題」『日本評価学会春季大会集録』143-150．東京
大塚美和子（2011）「子どもの貧困とスクールソーシャルワーク――子どもと家庭への新しい支援システムの必要性」『ソーシャルワーク学会誌』(21), 15-26
Palinkas LA, Soydan H（2012）*Translation and Implementation of Evidence-Based Practice*. Oxford University Press
Pennekamp, M.（1992）Toward School-Linked and School-Based Human Services for Children and Families. *Social Work in Education*, 14 (2), 125-130
Radin, N.（1989）School Social Work Practice: Past, Present, and Future Trends. *Social Work in Education*, 11 (4), 213-225
Rains, J. C.（2004）Evidence-based practice in school social work : A process in perspective. *Children & Schools,* 26 (2), 71-85
Rossi, P., Lipsey, M.W., & Freeman, H.E.（2004）*Evaluation; A Systematic Approach*

7th ed., Sage（＝ 2005, 大島巌・平岡公一・盛俊夫ほか訳『プログラム評価の理論と方法──システマティックな対人サービス・政策評価の実践ガイド』日本評論社）

阪倉恵（2002）「あいりん地区における学校ソーシャルワーク機能についての一考察──あいりん学園嘱託員（ケースワーカー）の実践をもとに」『地域福祉研究』(30), 91-101

Shaffer, G. L.（2006）Promoting School Social Work Practices of the 1920s: Reflections for Today. *Children & Schools*, 28（4）, 243-251

Staudt, M.（1991）A Role Perception Study of School Social Work Practice. *Social Work*, 36（6）, 496-498

Staudt, M., Cherry, D. J., & Waston, M.（2005）Practice Guidelines for school social workers: A modified replication and extension of a prototype. *Children & Schools,* 27（2）, 71-81

鈴木庸裕（2004）「学校と家庭，地域をつなぐソーシャルワークの役割と課題」『ソーシャルワーク研究』30（2），48-53

鈴木庸裕（2007）「学校ソーシャルワーク研究の現在・過去・未来」『学校ソーシャルワーク研究』(1), 5-13

社団法人日本社会福祉士学会（2001）「国際ソーシャルワーカー連盟（IFSW）のソーシャルワークの定義」http://www.jacsw.or.jp/01_csw/08_shiryo/teigi.html, 2013.3.11

髙橋重宏ほか（2004）「児童虐待防止に効果的なセーフティネットのあり方に関する研究」『平成15年度厚生労働科学研究（子ども家庭総合研究所保護事業）報告書』

竹内愛二（1955）『科学的社会事業入門──若き社会事業者のために』黎明書房

田中英高（2013）「不登校を伴う起立性調節障害に対する日本小児心身医学会ガイドライン集を用いた新しい診療」『心身医学』53（3), 212-222

寺本喜一（1953）「『学校社会事業』成立可能仮説」『西京大学学術報告・人文』(3), 22-40

東京大学（2006）「平成18年度文部科学省委託調査『教員勤務実態調査（小・中学校）』報告書」

東京都福祉保健局（2005）「児童虐待の実態Ⅱ」www.fukushihoken.metro.tokyo.jp/jicen/gyakutai/index.files/hakusho2.pdf（2015年1月24日取得）

上田千秋（1965）「学校社会事業研究序説」『仏教大学研究紀要』(48), 197-223

鵜飼孝導（2008）「スクールソーシャルワーカーの導入──教育と福祉の連携の必要性」『立法と調査』(279), 59-68

内田守（1957）「学校社会事業の現段階とその問題点1」『熊本短大論集』(14), 106-158

内田守（1958）「学校社会事業の現段階とその問題点2」『熊本短大論集』(15), 31-65

山縣文治・柏女霊峰編（2010）『社会福祉用語辞典──福祉新時代の新しいスタン

ダード（第8版）』ミネルヴァ書房
山野則子（2005）「育児負担感と不適切な養育の関連に関する構造分析」『平成16年度厚生科学研究（子ども家庭総合研究事業）報告書』, 118-137
山野則子（2006）「子ども家庭相談体制におけるスクールソーシャルワーク構築——教育行政とのコラボレーション」『ソーシャルワーク研究』32（2）, 25-31
山野則子（2007）「日本におけるスクールソーシャルワーク構築の課題——実証的データから福祉の固有性の探索」『学校ソーシャルワーク研究創刊号』学校ソーシャルワーク学会, 67-78
山野則子（2009a）『子ども虐待を防ぐ市町村ネットワークとソーシャルワーク』明石書店
山野則子（2009b）「スクールソーシャルワーク事業　スクールソーシャルワークの役割と今後の課題」『そだちと臨床』(6), 47-51
山野則子（2010）「スクールソーシャルワークの役割と課題」『社会福祉研究』(109), 10-18
山野則子（2012）「マクロ実践の展開過程②　結果としてのスクールソーシャルワーク制度成立」山野則子・野田正人・半羽利美佳『よくわかるスクールソーシャルワーク』ミネルヴァ書房, 108-109
山野則子（2015）「効果的なスクールソーシャルワーク事業プログラム・モデルの開発」『ソーシャルワーク研究』40（4）, 23-34
山野則子ほか（2008）「日本におけるスクールソーシャルワークの実証的研究——福祉の固有性の探究　平成19年度報告書」（研究代表者：山野則子）文部科学省科学研究費「基盤研究C」
山野則子ほか（2012a）「SSWer配置プログラムに関する研究」白澤政和『ソーシャルワークの評価方法と評価マニュアル作成に関する研究　第二報』（日本学術振興会，科学研究費補助金・基盤研究（A））, 38-91
山野則子ほか（2012b）『平成23年度児童関連サービス調査研究等事業報告書　児童虐待の予防・対応のための連携に関する研究——貧困政策や教育分野におけるサービスとのリンク』（主任研究者：山野則子）財団法人こども未来財団
山野則子ほか（2013a）『エビデンス・ベースト・スクールソーシャルワーク——SSWの実態、学校や教員の状況の可視化へ』大阪府立大学キーパーソンプロジェクト
山野則子ほか（2013b）『効果的なスクールソーシャルワーカー配置プログラム実施マニュアル』大阪府立大学キーパーソンプロジェクト　効果的なスクールソーシャルワーカー配置プログラムのあり方研究会
山野則子ほか（2014a）『エビデンス・ベースト・スクールソーシャルワーク研究報告書——効果的なスクールソーシャルワーカー配置プログラムの開発』大阪府立大学キーパーソンプロジェクト

山野則子ほか（2014b）『効果的なスクールソーシャルワーカー配置プログラム実施（改訂版）マニュアル・評価マニュアル――全国調査、試行調査の実証、実践家の議論を経て』大阪府立大学キーパーソンプロジェクト　効果的なスクールソーシャルワーカー配置プログラムのあり方研究会

山野則子・徳永祥子（2009）「SSWに必要なEBPを示せる力とその養成方法～シカゴのアーバンミッションに基づく教育や実践～報告書」大阪府立大学

山野則子・梅田直美・厨子健一（2014）「効果的スクールソーシャルワーカー配置プログラム構築に向けた全国調査――効果的プログラム要素の実施状況、および効果（アウトカム）との相関分析」『社会福祉学』54（4），82-97.

山野則子・山縣文治（1999）「子どもの相談援助システム構築の必要性と課題――相談システム形成の実践例から」『大阪市立大学生活科学部紀要』47, 163-170

山野則子・横井葉子（2013）「全国調査における教育委員会とスクールソーシャルワーカーの実態――アウトカム指標を用いて」日本学校ソーシャルワーク学会2013年度福島大会（2013.7.14. 福島大学）

山下英三郎（1998）「学校を基盤としたソーシャルワークの可能性について」『国際社会福祉情報』（22）50-58.

山下英三郎（2006）「スクールソーシャルワーク――実践と理論との距離をいかに埋め合わせるか」『ソーシャルワーク研究』32（2），92-101

山下英三郎（2011）「子ども虐待とスクールソーシャルワーク」『教育と医学』59（6），533-540

山下英三郎（2013）「スクールソーシャルワーカーが果たしうる役割」『月刊 自治研』55．33-40

横井葉子・酒井滋子・厨子健一・木崎恵理子・山野則子（2013）「スクールソーシャルワークの効果的援助要素に関する全国実態――ケース会議における実践に焦点化して」『学校ソーシャルワーク研究』（8），68-80

横井葉子・周防美智子（2014）「全国調査を活用した実践家参画型による効果的援助要素の特定：プロセス評価」山野則子ほか『エビデンス・ベースト・スクールソーシャルワーク研究報告書――効果的なスクールソーシャルワーカー配置プログラムの開発』大阪府立大学キーパーソンプロジェクト・効果的なスクールソーシャルワーカー配置プログラムのあり方研究会

Zeff, S. B.（1977）A humanistic approach to helping underachieving students. *Social Casework*, 58（6），359-365

厨子健一・山野則子（2011）「スクールソーシャルワーカーの実践プロセスに影響を与える要因――当事者に問題意識がない領域に関わるスクールソーシャルワーカーに着目して」『社会福祉学』52（2），30-40

厨子健一・山野則子（2013）「スーパービジョン体制がスクールソーシャルワーカーの専門性や効果に与える影響」『子ども家庭福祉学』(13)，25-33

■編著者紹介

山野則子（やまの・のりこ）
大阪公立大学現代システム科学研究科教授。スクールソーシャルワーク評価支援研究所所長。博士（人間福祉）
内閣府子どもの貧困対策に関する検討会構成員、文部科学省中央教育審議会生涯学習分科会臨時委員、文部科学省家庭教育支援チームの在り方に関する検討委員会座長、文部科学省コミュニティ・スクールの推進等に関する調査研究協力者会議委員、教育相談等に関する調査研究協力者会議委員などを歴任。
大阪府教育委員会スクールソーシャルワーカー・スーパーバイザー（ほか3自治体）
主な著書に、『よくわかるスクールソーシャルワーク』（共編著・ミネルヴァ書房・2012）、『子ども虐待を防ぐ市町村ネットワークとソーシャルワーク』（単著・明石書店・2009）、『スクールソーシャルワークの可能性』（共編著・ミネルヴァ書房・2007）など。

■執筆者紹介〈執筆順、（　　）は担当箇所〉

山野　則子　大阪公立大学現代システム科学研究科教授
　　　　　　（序章1・3節、第1章3節、第4章、第6章、第8章）
大島　　巌　東北福祉大学副学長・教授（序章2節）
贄川　信幸　日本社会事業大学社会福祉学部教授（序章2節）
大友　秀治　北星学園大学社会福祉学部社会福祉学科准教授（第1章1・2節）
厨子　健一　愛知県教育大学教育学部准教授（第2章）
周防美智子　岡山県立大学保健福祉学部准教授（第3章、第7章）
駒田　安紀　武庫川女子大学社会情報学部助教（第4章、第6章）
横井　葉子　聖徳大学心理・福祉学部社会福祉学科准教授（第5章）

エビデンスに基づく効果的なスクールソーシャルワーク
——現場で使える教育行政との協働プログラム

2015年2月20日　初版第1刷発行
2023年4月1日　初版第4刷発行

編著者	山　野　則　子
発行者	大　江　道　雅
発行所	株式会社　明石書店

〒101-0021　東京都千代田区外神田6-9-5
電　話　03（5818）1171
ＦＡＸ　03（5818）1174
振　替　00100-7-24505
https://www.akashi.co.jp

組版　朝日メディアインターナショナル株式会社
印刷・製本　モリモト印刷株式会社

（定価はカバーに表示してあります）　　ISBN978-4-7503-4144-6

|JCOPY|〈出版者著作権管理機構　委託出版物〉|
本書の無断複製は著作権法上での例外を除き禁じられています。複製される場合は，そのつど事前に，出版者著作権管理機構（電話 03-5244-5088, FAX 03-5244-5089, e-mail: info@jcopy.or.jp）の許諾を得てください。

スクールソーシャルワーク ハンドブック 実践・政策・研究

キャロル・リッペイ・マサット ほか 編著
山野則子 監修

■B5判／上製／640頁 ◎20000円

米国で長くスクールソーシャルワークのための不朽の教科書と評価されてきた基本図書。エビデンスに基づく実践だけでなく、学校組織や政策との関連、マクロ実践まで豊富な事例と内容から論じ、これからのソーシャルワークの実践と教育には欠かせない必読書である。

●内容構成●

第1部　スクールソーシャルワーク実践の歴史と全体像
第2部　スクールソーシャルワーク実践の政策的背景
第3部　スクールソーシャルワークにおけるアセスメントと実践に基づく研究
第4部　政策実践
第5部　ティア1（段階1）の介入
第6部　ティア2（段階2）の介入
第7部　ティア3（段階3）の介入

子ども虐待を防ぐ市町村ネットワークとソーシャルワーク
グラウンデッド・セオリー・アプローチによるマネージメント実践理論の構築
山野則子著
◎3500円

子どもの貧困調査 子どもの生活に関する実態調査から見えてきたもの
山野則子編著
◎2800円

「チーム学校」を実現するスクールソーシャルワーク
理論と実践をつなぐメゾ・アプローチの展開
大塚美和子・西野緑・峯本耕治編著
◎2200円

スクールソーシャルワーク実践スタンダード
実践の質を保証するためのガイドライン
馬場幸子著
◎2000円

子ども虐待とスクールソーシャルワーク
チーム学校を基盤とする「育む環境」の創造
西野緑著
◎3500円

一斉休校 そのとき教育委員会・学校はどう動いたか？
一斉休校・教育委員会対応検証プロジェクト編
末冨芳編著
◎2300円

学校に居場所カフェをつくろう！
生きづらさを抱える高校生への寄り添い型支援
居場所カフェ立ち上げプロジェクト編著
◎1800円

ダイレクト・ソーシャルワーク ハンドブック 対人支援の理論と技術
ディーン・H・ヘプワース、ロナルド・H・ルーニーほか著
武田信子監修、山野則子、澁谷昌史、平野直己ほか監訳
◎25000円

〈価格は本体価格です〉